Michele Novellino

L'arco e la freccia

Origini, crisi e sviluppo del rapporto tra padre e figlio

A Silvia

Buona lettura

04.08.2023

FrancoAngeli

Grafica della copertina: Elena Pellegrini

Ristampa	Anno
0 1 2 3 4 5 6 7 8 9	2009 2010 2011 2012 2013 2014 2015 2016 2017 2018 2019 2020

Stampa: Tipomonza, via Merano 18, Milano.

Indice

Introduzione pag. 11

Parte prima
Alcune riflessioni sul mondo di oggi

1. Coppie e famiglia » 19

2. Genitori » 28

3. I giovani » 35

4. La crisi del maschio » 41

5. Movimenti maschili: tra cultura e moda » 49

Parte seconda
Nel merito del rapporto tra padre e figlio

1. La paternità » 57
Premessa » 57
1. La storia » 57
2. Le basi della paternità » 60
3. Il contributo della psicoanalisi » 65
4. La crisi del padre normativo » 75

6. Il presente	pag.	79
7. La reazione	»	82
8. Il senso della paternità	»	85
2. Nuova identità paterna: tra crisi e speranze	»	87
3. Il padre ‘materno’	»	100
4. Il padre antico: una breve storia	»	107
5. Padre e figlio: nascere e crescere insieme	»	120
Conclusioni	»	131
Bibliografia	»	135

Ringraziamenti

Sembrerebbe scontato, e forse lo è, ma nasce dal cuore che un mio libro sui rapporti tra padre e figlio inizi con un ringraziamento a mio padre, Giuseppe: incredibile che io abbia davvero colto il significato antico e profondo del suo Nome solo ora! Mio padre mi ha insegnato diverse cose che fanno parte della persona, dell'uomo che sono diventato. Soprattutto lui mi ha spinto, a volte nel senso letterale del termine, a leggere al di là dei compiti di scuola, che di solito sbrigavo velocemente perché dovevo scendere in strada con gli amici a svolgere gli innumerevoli altri 'compiti' che ci aspettavano a ogni angolo dei luoghi delle nostre avventure. Eppure Giuseppe, anche se con discrezione, con amore, perché anche lui amava scorazzare con i suoi amici in campagna e quindi evitava di insistere troppo con me, ogni tanto mi invitava a leggere qualcosa, qualunque cosa che non fosse legato ai compiti scolastici. Suggeriva che ci fossero tante ore vuote ma adatte a leggere, ad esempio quelle della 'controra', il mitico dopo-pranzo estivo delle famiglie del mio adorato meridione. Così lessi, in seconda elementare, quel 'Pinocchio' che ha segnato la mia vita: un metafora irripetibile del diventare uomo, che si svolge in luoghi così simili a quelli della mia infanzia, tra cani randagi, lucertole, campi e contadini dalla pelle bruciata dal sole.

Ho ritrovato mio padre in altre figure maschili fondamentali del mio sviluppo e anche a loro sono immensamente grato: sono diventato un uomo anche per il loro esserci stati.

Mio nonno materno Alfonso: ho limpido nella mia memoria cosa fosse un uomo cosiddetto 'all'antica', rigido ma fermo, chiuso ma espressivo. Ogni tanto mi guardava intenerito e io lo adoravo: so che gli ero simpatico, forse era orgoglioso di come sfuggissi regolarmente al suo peraltro innocuo frustino, con il quale cercava di evitare che io andassi a scorazzare nel suo meraviglioso e magico giardino a terrazze.

Mio zio Felice, anzi 'Felicetto': mi ha insegnato che c'era un mondo che andava al di là dei confini angusti del paese.

Mio zio Domenico, anzi 'Menicuccio': grazie per la tua pazienza nell'insegnarmi a guidare!

E poi ci sono tanti uomini che mi hanno fatto in qualche modo da 'padri putativi'.

Carlo Moiso, scomparso di recente con mio grande dolore, mio primo maestro nell'arte della psicoterapia, ma al quale sono molto grato anche per avermi aiutato a tornare a ridere in un momento molto difficile della mia vita; Richard Erskine, Barrie Simmons, Salomon Resnik, Renzo Carli, Shea Schiff, a ognuno dei quali devo qualche elemento importante per l'integrazione del mio Io.

Altri per me sono 'padri' letterari, e qui, per mia fortuna, la lista sarebbe lunghissima: in ognuno ho trovato qualcosa di mio che faticavo a scoprire o ad ammettere.

Grazie a voi per avermi fatto crescere, e anche per avermi fatto trascorrere ore serene, divertenti, emozionanti, stimolanti: Omero, Virgilio, Dumas, Hugo, Tolstoj, Dostoievskj, Mailer, Joyce, Tolkien, Calvino, Verne, Borges, Stephen King (grazie per le tue meravigliose pagine sulla magia dell'adolescenza!), Philip Dick, e anche Bob Dylan… e tanti, innumerevoli altri.

Poi c'è il rovescio della medaglia: come cercherò di spiegare in questo mio libro, sono anche i figli ad aiutarci a diventare uomini, in un ciclo a spirale che lega nonni, padri, figli e nipoti.

Grazie a mio figlio Tommaso, che ancora oggi, uomo, mi rinnova il piacere di un abbraccio fisico tra un figlio e un padre cresciuti insieme, e anche l'orgoglio… di avercela fatta; grazie di cuore a Pierfabrizio e a Paolo, i quali, pur non essendo biologicamente figli miei, mi hanno sempre trattato con l'amore, l'ammirazione e il rispetto che si dovrebbe poter sentire per qualunque uomo più grande che sia disposto a prendersi le responsabilità di guidare uomini più giovani: ho ben presente che ogni giorno vi aspettate da me che mi comporti da padre.

Grazie ai miei numerosi pazienti e allievi, che mi hanno costantemente ricordato i loro bisogni di una figura paterna e i quali, in questo modo, hanno rinnovato la lotta contro il mio personale narcisismo; grazie ai colleghi, i quali spesso mi hanno illuminato su verità che mi sfuggivano forse per un centimetro.

Grazie al lettore, uomo o donna che sia, che avrà la pazienza di leggere queste mie pagine, che ho preparato con fatica e scritto con amore.

Se avrò lasciato anche un minimo messaggio di speranza, questo rappresenterà già un successo che mi riempirà di orgoglio.

Voglio dedicare questo libro a tutti i padri nel senso che cerco di dare a questa parola nel testo: tutti quegli uomini che hanno deciso di prendersi la responsabilità piena di un bambino, che quindi diventa un suo figlio, secondo la 'legge' dei nostri 'padri' dell'antica Roma; allora grazie ai padri che oggi si adoperano in contesti così tanto più numerosi e complessi rispetto a pochi decenni orsono. Padri di famiglie tradizionali con i loro figli biologici; padri adottivi; padri 'single', e padri rimasti vedovi; padri sostitutivi (che brutto termine 'patrigni'!); padri gay… e forse altri che colpevolmente qui dimentico.

Adoro il cinema, chi ha avuto la pazienza di leggere qualcuno dei miei saggi precedenti, ne sarà già ben informato, e poterà pazienza quando nel testo incontrerà diversi film che userò come metafore.

Mi piace allora rievocare una bellissima scena tratta dal film di Wenders, *Paris, texas*.

Scena 48: un soggiorno, *Travis* (il protagonista) *siede sul divano e sfoglia alcune riviste; Carmelita, la domestica, interrompe le pulizie e gli si avvicina incuriosita.*

Carmelita: "Che cosa sta cercando lì dentro?"
Travis: "Cerco 'il' padre".
Carmelita: "Suo padre?"
Travis: "No, no, solo un padre, un padre qualunque. Che aspetto deve avere un padre?"
Carmelita: "Ci sono i più diversi tipi di padri, senor Travis".
Travis: "Beh, a me ne basta uno".
Carmelita: "Ora capisco: lei vuole apparire come un padre!"
Travis: "Sì".

Introduzione

Una mia paziente, diversi anni orsono, mi disse:

"Quando morì mio padre, mi sentii come se fosse crollata un'architrave... ora che è morta mia madre è stato come se mi avessero strappato qualcosa dalla pancia... come quando ho abortito".

Preparando e scrivendo questo libro, ho cercato spesso di ricordare il 'perché' io abbia deciso tanti anni orsono di diventare padre. La verità è che non lo so o non lo ricordo... forse perché non ci fu un 'perché', perlomeno di tipo razionale, mi venne e basta, diciamo che lo sentii dentro: in un certo senso la stessa strada che ho percorso per decidere di scrivere oggi, tanti anni dopo.

Ho iniziato a occuparmi di psicologia maschile in modo costante nei primi anni Novanta. Quello dello psichiatra e dello psicoterapeuta è un lavoro molto impegnativo: il continuo vivere immersi nella relazionalità emotiva propria delle sedute analitiche, richiede almeno due fonti di gratificazione. La prima è quella che deriva dai risultati, dall'efficacia del proprio intervenire nella vita dei pazienti; la seconda, almeno per me importante quanto la prima, è quella dell'estrarre da tante storie individuali dei principi più generali, da cui la mia passione per la scrittura.

Ho pubblicato articoli, saggi sia divulgativi che tecnici. Nel 1996 uscì *La sindrome di Pinocchio*, sulla nevrosi degli uomini che costruiscono per sé e per gli altri un'identità fittizia, basata su un'abitudine inveterata alle bugie e alle promesse non mantenute. Da allora ho approfondito altre due sindromi che ho trovato caratterizzare di frequente le storie di uomini che chiedevano il mio aiuto: quella dell'*Uomo Mascherato* e di *Don Giovanni*.

Di recente ho edito, colpito profondamente da quella metafora potente del divenire 'uomo' che è *Il Signore degli Anelli* di J.J. Tolkien, il saggio "Viaggiando con Frodo". Cosa significa diventare un 'uomo vero' e non un 'vero uomo'? Che cosa è necessario attraversare per riuscire in questa complessa impresa? Come lo si può realizzare ai tempi attuali? Sono domande alle quali ho iniziato a proporre qualche risposta possibile e mi auguro plausibile.

In questo stadio, è nata spontaneo il passo successivo. Esiste un 'perché' gli uomini decidono di riprodursi, un motivo che vada al di là delle note spiegazioni etologiche e biologiche? Soprattutto, a che punto siamo, noi uomini ma anche la società tutta, con il comprendere in cosa oggi consista l'esperienza della paternità? Quali processi vengono coinvolti, quali effetti sull'evoluzione dell'identità maschile in una fase storica così tormentata?

Questo libro vuole proporre alcune riflessioni in merito, cerca di rispondere ad alcuni di questi quesiti, e alla fine ne apre di altri.

L'ho concepito come un'occasione di riflessione, per me scrittore e per il lettore, che vorrei accompagnare riproponendogli lo stesso percorso intellettuale ed esperienziale che è stato mio.

La saggistica è piena di 'manuali fai da te', che finiscono per confondere le idee più che per chiarirle, e questa è un'opinione non solo mia.

L'identità del padre è in crisi, ma proprio per questo in evoluzione, e sarebbe fondamentale che si evitasse nei limiti del possibile, l'errore atavico che ha angustiato generazioni di padri, ma anche di figli e di madri: quello di prescrivere atteggiamenti e comportamenti, rischiando di ignorare se non di reprimere quella soggettività che dovrebbe colorare un 'vero padre'.

Quella del padre è una espressione, forse la più complessa e profonda, dell'identità maschile, e va intesa come il terminale dell'evoluzione di un individuo, il quale, per quanto immerso in svariate aspettative sociali e culturali, può esercitare la propria paternità nel modo migliore possibile a una sola condizione: che egli pensi e faccia quello che sente vero e suo.

Un ‘padre vero’ è colui il quale esprime con il figlio la propria mascolinità e virilità per come la sente, per come la padroneggia non solo a livello razionale, ma soprattutto a livello emotivo profondo.

Un ‘vero padre’ sarà soggetto a influenze che lo condizioneranno al di là della sua consapevolezza, finirà per seguire stereotipi e mode: alla fine, un ‘mammo’ finirà per appartenere alla stessa dimensione di nevrosi culturale alla quale appartenevano i ‘padri padroni’, ambedue prodotti di aspettative imperative e soffocanti.

Un ‘padre vero’ ha il diritto e il dovere di essere consapevole di se stesso, di conoscere cosa significhi assumere una paternità nel corso del proprio sviluppo di persona e di essere sociale.

Mi auguro di dare un contributo, magari solo introduttivo, a questa presa di coscienza.

Percorreremo insieme gli stadi principali della storia della paternità, dai nostri progenitori, ai nostri antenati, per giungere ai fenomeni più recenti, alcuni dei quali i meno giovani coltivano ancora nella propria memoria.

Alcuni miti della nostra giovinezza aiuteranno a comprendere meglio, quello di Ulisse innanzitutto, ma anche quelli di Enea, di Dedalo e Icaro e altri ancora.

L’antropologia, l’etologia, l’economia e la psicologia sono tutte discipline che daranno un contributo a farsi un’idea di come stiamo diventando uomini e padri diversi, anche se ancora in via di definizione.

Sarà proprio l’incertezza attuale a consentirci di passare dalla stantia lamentela dei padri che non ci sono più, a una costruzione più meditata e consapevole di un ruolo, quello paterno, del quale nessun figlio potrà mai fare a meno, in particolare se maschio.

Tra i tanti autori verso i quali tutti siamo debitori, è doveroso ricordare Sigmund Freud, il quale fondò la psicoanalisi anche sull’onda di un suo famoso episodio infantile, che lo segnò rispetto all’importanza che diede all’immagine paterna.

Il padre, Jakob, raccontò di avere incontrato un uomo, il quale, rivolgendosi a lui con l’intimazione di scendere giù dal marciapiede sul quale si erano ritrovato entrambi (“… ebreo!”), gli aveva gettato per terra il berretto. Il piccolo Sigmund gli aveva chiesto cosa avesse fatto, e il padre gli rispose che era sceso dal marciapiede raccogliendosi il berretto.

Quello è un gesto del padre che tutti i figli, maschi in particolare, vorrebbe non dover vedere mai.

Parte prima

Alcune riflessioni sul mondo di oggi

Avvertenza

Ciascuno dei capitoli di questa prima parte è dedicata ad argomenti che richiederebbero saggi autonomi e corposi. La loro finalità sarà quindi quella di fornire una panoramica attuale nella quale il tema principale del rapporto tra padre e figlio, possa apparire nelle sue variabili non solo psicologiche ma anche sociologiche.

1. Coppie e famiglia

Nella famiglia la differenza sessuale tra i ruoli del maschile e del femminile è sempre apparsa determinante per lo sviluppo dell'*identità di genere* dell'individuo. La storia dell'umanità si è fin dall'inizio caratterizzata per il ricorso alla sessualità come strategia di sopravvivenza e di evoluzione.

Il ruolo della donna è sempre stato quello dell'*accoglienza*, del luogo della trasmissione della vita, simbolicamente della *Terra*; il ruolo dell'uomo è stato quello del *movimento*, della conquista e dell'aspirazione alla conoscenza, simbolicamente del *Cielo*.

All'alba della storia umana, gli antropologi ipotizzano una originaria *poliandria* (ossia la competizione di più uomini per una sola donna), corrispondente a un analogo fenomeno presente nei gruppo delle scimmie antropomorfe; è solo successivamente alla nascita della consapevolezza da parte dell'uomo della paternità, quindi della consequenzialità tra rapporto sessuale e nascita, che le società primitive concepiscono anche la cosiddetta *poliginia*, ossia più donne per un solo uomo. Saranno gli Ebrei, molte migliaia di anni dopo, a dare inizio alla *monogamia*, tramite la cerimonia del matrimonio, che tuttavia non escludeva la poliginia; quest'ultima avrà fine solo con il matrimonio cristiano. Sarà l'islamismo, nel VII secolo, a restituire ancora valore alla poliginia.

Con l'avvento della Riforma Protestante, e l'inizio della costruzione della Società Borghese, il matrimonio diventerà, oltre che un'istituzione influenzata da moventi religiosi, anche e soprattutto un luogo economico, con conseguenti ruoli ben differenziati tra marito e moglie. I modelli di famiglia tradizionali si sono, da allora in poi, caratterizzati per una *asimmetria* di ruoli, con la madre impegnata nell'accudimento domestico e dei figli, con il padre impegnato nel sostegno economico e sociale; il nuovo modello emergente nei nostri tempi è quello di una *simmetria*, ossia di una parità e interscambiabilità di ruoli.

Sarà solo il XX secolo a far nascere l'idea della relazione di coppia come fondata sul'*amore*, e quindi sull'esigenza di una relazionalità nuova. Sull'onda di questa tendenza storica, si è giunti alla concezione diffusa di una coppia svincolata dalla necessità della riproduzione, e questo fenomeno potrebbe forse evolvere verso forme familiari oggi appena ipotizzabili, alcune delle quali iniziano a emergere:

a. il *matrimonio contrattualmente provvisorio*, con una durata prefissata, molto 'spinto' nei paesi occidentali più avanzati;
b. il *poliamore* (J. Attali, *Repubblica* del 25 Novembre 2008), con la legittimazione per ciascun membro ad avere più rapporti;
c. la *polifamiglia*, con la partecipazione di un individuo a più nuclei familiari.

Oggi tutto ciò può apparire fantascienza, ma lo sarebbe apparsa anche l'attuale coppia media non molti decenni orsono.

La tendenza, almeno ideale, è quella che prevede padri e madri moderni capaci di svincolarsi da aspettative e attribuzioni sociali; la posizione simmetrica, in particolare, rimane ancora un'aspirazione, dato che si è dimostrato come le famiglie, soprattutto quelle italiane, cadano inconsapevolmente ben presto in una posizione asimmetrica nei fatti; si è visto come le posizioni tipiche della *madre centrale* e del *padre periferico* riprendano 'spontaneamente' e implicitamente il loro posto fin dai primi mesi dalla nascita del bambino. Tutt'al più, nel caso di madri impegnate lavorativamente, queste ultime si faranno appoggiare da sostitute, quali nonne e baby-sitter.

Questo disimpegno dei padri, anche se ben lontano dalle assenze dei padri delle generazioni precedenti, produce un circolo vizioso, in quanto la carente esperienza della genitorialità da parte dei padri, nega a questi ultimi la possibilità di diventare consapevoli delle proprie competenze.

Iniziando con l'*ambiente relazionale* nel quale si sviluppa qualunque rapporto tra genitori e figli, ossia la famiglia, ritengo utile fare qualche accenno alla premessa necessaria, o per meglio dire più comune, perché una famiglia si sviluppi, ossia *la coppia.*

Siamo da decenni ben lontani dall'idea di coppia alla quale noi cinquantenni e oltre eravamo abituati. Ricordo come all'epoca delle mie 'medie' e del mio 'liceo', la presenza di qualche compagno e compagna che avesse i genitori separati o in via di separazione, destava curiosità, sconcerto e addirittura ansia. I figli di separati erano una rarità antropologica, un'anomalia.

Oggi la condizione è lontana anni luce, da quella tipica dei nostri genitori, i quali si erano sposati di solito in giovane età, magari frequentemente con un padre più anziano, 'perché era quello che portava i soldi a casa', ed eravamo sicuri che loro sarebbero invecchiati insieme.

Fino agli anni Settanta la famiglia tradizionale era *patriarcale*, fondata sull'autorità del *pater familias*, mentre oggi la stessa legislazione vede uomo e donna come soggetti di un pari potere decisionale nella vita della famiglia e nella cura dei figli.

La *morte della famiglia* intesa in senso tradizionale, avviene negli stessi anni Settanta, ed è seguita nei successivi Ottanta, dalla riscoperta del padre come figura affettiva, inizialmente espressa come una imitazione della figura materna.

In quei due decenni, marcati da movimenti tumultuosi da un punto di vista intellettuale, si contestava il Padre come rappresentante nella famiglia dell'Autorità: fu soprattutto la mitica Scuola di Francoforte (Adorno, Marcuse e altri) a denunciare la riproposizione nella figura del Padre della dimensione autoritaria presente nella politica, e quindi dei rispettivi Codici.

Si assisteva a fenomeni che comunque lasciarono un segno indelebile:

a. la contestazione intellettuale della politica vista comunque come *regime*,
b. la rivoluzione femminista, con il rifiuto delle *differenze di genere*,
c. la scoperta della *fragilità dell'identità maschile*,
d. la contestazione più generale dei giovani verso gli adulti.

Il *rifiuto delle differenze di genere*, in particolare, conduceva nelle sue frange estreme, all'*irrilevanza della figura del padre*, con una visione dell'uomo come 'donatore di seme'. Una delle conseguenze indicate dai sociologi di questa visione radicale, si coglie ancora oggi nella tendenza dei tribunali a un affidamento quasi esclusivo alle madri, fondata, insieme ad altri fattori, a un inconscio pregiudizio sull'*incapacità di cura* dei padri verso i figli.

D'altro canto, i suddetti movimenti culturali hanno implicitamente scosso dalle fondamenta stereotipie ben più antiche, se pensiamo a come il *matrimonio* venga da 'madre', inteso come 'dono della donna', mentre *patrimonio*, venga da 'padre', quindi 'dono del padre'.

Dal padre oggi ci si aspetta che si trasformi da *autoritario* in *autorevole*, ma, come sappiamo, al di là delle buone intenzioni, tutto questo è più facile a dirsi che a farsi.

I cambiamenti tra le donne sono sotto gli occhi di tutti noi, e, al di là di quanto ancora si deve e si può fare, sono innegabili le conquiste ottenute a livello sia della parità nell'educazione scolastica che dell'ingresso nel mondo del lavoro. Oggi per le donne il lavoro è una componente essenziale nel processo personale di crescita, così come per gli uomini è in atto un faticoso tentativo di mediare tra il vecchio modello del padre autoritario e le nuove esigenze di un padre affettivo ed empatico.

Sul piano pratico, tuttavia, tutte le ricerche e le indagini svolte portano a concludere che nuovi miti, molto mediatici, come quello del *padre mammo*, poco abbiano per il momento inciso sulla vita familiare quotidiana. La trasformazione in corso, sembra condurre dalla *famiglia etica* dei decenni precedenti, portatrice di norme e valori, a una *famiglia affettiva*, luogo principalmente di una costruzione di legami emotivi con entrambi i genitori: il compito primario della nuova famiglia consiste primariamente nel nutrire affettivamente i figli e non più tanto nel trasmettere principi e regole.

Pietropolli Charmet (1995) nota, in particolare tra i genitori degli adolescenti, i seguenti fenomeni striscianti:

a. una *maternalizzazione del padre*: quest'ultimo si coinvolge precocemente nelle cure del figlio, sviluppando competenze empatiche e solidarizzando con lui nei confronti dell'ambiente esterno,
b. una *paternalizzazione della madre*, che a sua volta spinge il figlio sulla strada della socializzazione e del successo, scolastico e sportivo.

In seguito alla crisi del sistema patriarcale, siamo di fronte a un evidente smarrimento dell'identità maschile, e la ridefinizione post-patriarcale dell'uomo dovrà derivare sia da un recupero dei caratteri costruttivi e vitali dell'essere maschio, che da un superamento genuino dei vecchi stereotipi di virilità. La profondità del cambiamento in corso dei canoni della figura paterna è evidenziato da un fenomeno linguistico: il sostantivo 'padre' è frequentemente accompagnato da diversi aggettivi, che cercano di sostanziare i caratteri emergenti dell'identità paterna in transizione: *nuovo*, *materno*, *coinvolto*.

Il passaggio da una famiglia *asimmetrica* nei ruoli a una famiglia *paritaria*, conduce a una rinegoziazione dei ruoli di padre e di madre, soprattutto in seguito ai due fenomeni più incisivi degli ultimi decenni:

1. la presenza sempre più larga delle donne nel mondo del lavoro,
2. l'avvicinamento emotivo degli uomini alla dimensione familiare.

Abbiamo visto e vedremo in più momenti di questo libro, come, tuttavia, la messa in opera di questo reinquadramento paritario di ruoli è lungi dal diventare operativo in modo chiaro e soddisfacente. Il contributo effettivo dei padri alla cura domestica e dei figli rimane ancora un desiderio per le donne e un'aspirazione per gli uomini: una delle conseguenze è data dalla cosiddetta *doppia presenza* delle donne, sul lavoro e a casa.

Giovannini (1998) identifica quattro tipi di coppia in relazione a corrispondenti tipologie di partecipazioni paterne alla vita familiare:

1. padre *coinvolto*,
2. padre *coinvolto in teoria*,
3. padre *ospite*,
4. padre *delegante*.

C'è una contraddizione, messa in evidenza da tutti i ricercatori, tra il piano ideale e quello comportamentale. Visioni nuove condivise a livello teorico e ideologico, lasciano il campo in pratica a stili largamente stereotipati, tesi a proteggere, magari a livello inconsapevole, un'identità maschile solo virtualmente superata.

La meta sociologia del *caregiver* unico, ossia del genitore interscambiabile in quanto a funzioni di allevamento, appare lontana, ma c'è anche da chiedersi anche se questa resistenza sotterranea al modello che prevede che un padre (e vale lo stesso ragionamento per la madre) adempia a un doppio ruolo, sia solo un passaggio da completare, o anche, come molti ritengono, un rifiuto fisiologico a snaturare completamente modalità tenute differenziate per secoli.

D'altro canto qualcosa sta cambiando, e sempre di più si vuole che cambi nel ruolo del padre, basti pensare ai vari progetti di intervento per coinvolgere i padre nella gravidanza, nel parto, nel successivo allevamento dei figli; così come nascono continuamente associazioni e movimenti di uomini e padri.

Siamo di fronte a fenomeni relazionali impensabili fino a pochi decenni orsono, a cominciare dalla cosiddetta *coppia 'light'* (leggera), detta anche *LAT (living apart together)*, ossia una coppia di due persone che 'stanno insieme' senza però convivere. Parliamo di una condizione molto significativa statisticamente: si parla di oltre 14 milioni di coppie LAT negli Stati Uniti, e di una percentuale superiore all'8% in Italia. Secondo un'indagine dell'ISTAT, ci troviamo di fronte a un fenomeno molto frequente tra i giovani di età inferiore ai 30 anni, con percentuali del 10% circa tra persone tra i 30 e i 39 anni di età, mentre si registra un calo al 3% salendo di età oltre i 40 anni.

Le possibili cause ipotizzate sono quelle ben note a tutti, e vanno dalla maggiore precarietà lavorativa, a una maggiore abitudine alla flessibilità della vita, fino a condizioni particolari, come quelle di persone separate che non vogliono imporre ai figli un nuovo partner. Il vantaggio principale dichiarato dalle persone che scelgono questa nuova organizzazione, è dato dal mantenere la propria indipendenza senza essere soli, mentre il primo svantaggio è quello di rinunciare ad avere figli.

Una versione ulteriore della coppia LAT è data dalla cosiddetta *coppia LDR (Long Distance Relationship)*, ossia le coppie che vivono anche in luoghi di residenza diversi.

Un argomento estremamente scottante socialmente è poi senz'altro quello delle separazioni e dei divorzi.

I dati, costantemente aggiornati e pubblicati dai mass-media, sono allarmanti, e andranno ben tenuti presenti una volta che entreremo nel merito della paternità.

Si registra un calo delle separazioni dal 2004 in percentuale di abitanti: da 143 per 100.000 a 136 per 100.000; tuttavia, facciamo attenzione, esse rimangono stabili in proporzione ai matrimoni celebrati. Peggiorano i dati se confrontiamo il 1995 con il 2005: siamo passati da 52.325 separazioni a ben 82.291 (il 27% circa dei matrimoni celebrati); mentre per i divorzi andiamo da 27.038 a 47.036 (circa il 15%).

I divorzi invece sono in costante aumento, sempre calcolando dal

2004, ancora di più se facciamo la proporzione con i matrimoni celebrati.

Le ultime rilevazioni dell'ISTAT, svolte presso i Tribunali della nostra penisola, forniscono uno dei dati che più di tutti dovrebbero fare riflettere: circa 100.000 minori sono coinvolti in separazioni e divorzi.

I fattori maggiormente invocati per questo costante aumento, nell'arco di pochi anni, delle separazioni e dei divorzi, sono i seguenti:

1. **culturali**: la progressiva secolarizzazione dell'istituto del matrimonio, rispetto a pochi decenni fa quando era fortemente intriso di valori religiosi,
2. **legislativi**: la legge sul divorzio, che ha fatto emergere numerose situazioni di crisi cronicizzate e mal sopportate,
3. **economici**: l'aumentata indipendenza economica delle donne,
4. **statistici**: l'allungamento della vita media,
5. **demografici**: l'abbassamento dell'indice di natalità, che probabilmente ha sollevato alcune coppie dallo 'scrupolo' del rimanere insieme comunque,
6. **dinamici**: la maggiore tendenza alla crisi di coppia una volta terminato l'allevamento dei figli,
7. **sociali**: l'aumentata mobilità lavorativa.

Va sottolineato come il fenomeno dell'aumentata instabilità familiare è superiore nel Nord d'Italia.

Ancora oggi sono i padri a risultare svantaggiati nei procedimenti di separazione e divorzio; in questo senso, vediamo che:

1. il padre è risultato *unico affidatario* dei figli in percentuali non superiori al 2%,
2. nel 73% la casa coniugale è stata affidata alla madre,
3. nel 94% il padre è l'unico erogatore dell'assegno di mantenimento dei figli,
4. nell'*affido condiviso* la casa coniugale rimane alla madre.

Avremo molto da considerare questi dati, freddamente aritmetici ma rivelatori di tante situazioni private individuali, nel momento in cui tratteremo dell'attuale condizione della paternità.

L'*assenza del padre*, indipendentemente dalle sue cause, è fonte di conseguenze drammatiche: negli Stati Uniti, l'80% dei detenuti è cresciuta in famiglie senza padre o con un padre psicologicamente disturbato.

I figli cresciuti con il padre vicino mostrano, al contrario, senza alcun dubbio una maggiore competenza nelle seguenti aree evolutive:

a. funzioni cognitive e di apprendimento,
b. capacità di attenzione e concentrazione,
c. desiderio di imparare,
d. ironia e autoironia,
e. autostima.

Intendo subito sottolineare come la nostra società, per quanto appaia a volte confusa, stia compiendo un'enorme sforzo di aggiornamento per seguire i grandi cambiamenti che vengono imposti da enormi mutamenti relazionali in corso, e una prova evidente in tal senso è data dalla Legge 54 del 16. Marzo 2006 sull'*affidamento condiviso*, legge che ha recepito l'orientamento giurisprudenziale dell'*affidamento congiunto o alternato*.

Già nel 2007 si registrano oltre il 70% di affidamenti condivisi nelle separazioni, e oltre il 50% nei divorzi, mentre l'affidamento unico alla madre è calato dal 58% nel 2006 al 26% nel 2007.

Nell'affido condiviso è sancito il principio del bambino *soggetto di diritto*, per cui i genitori non hanno più la 'patria potestà', bensì una 'responsabilità parentale', fonte primaria di doveri più che di diritti.

Certamente per arrivare a una cultura della *bigenitorialità* che entri sia nel quotidiano che nel profondo di uomini e donne si dovrà superare lo stereotipo della *famiglia matricentrica*, secondo il quale è la madre 'per natura' più idonea a occuparsi dei bambini: ci vorrà qualcosa in più di una legge e di qualche anno di esperienze.

Come vedremo avanti in questo libro, andrà, con il contributo di tutti, ristabilito un *codice paterno*, fatto di un insieme tra un legame d'amore per il figlio e una capacità di porre rifiuti e limiti adeguati alle necessità evolutive del bambino.

Una considerazione 'al volo' riguarda la sessualità di coppia.

Siamo tutti palesemente "circondati da troppo sesso: è boom di chi si astiene" (*Repubblica* del 1 Luglio 2008). Sembra proprio che di sesso si parli e si veda troppo, mentre tutti i sessuologi denunciano un calo drammatico del desiderio sessuale. Il rapporto del 2006 dell'Asper evidenzia alcuni dati impressionanti sull'attuale 'anoressia' sessuale: in particolare colpisce oltre il 30% sia degli uomini che delle donne.

Un altro fenomeno che sembra dilagante è quello del *tradimento coniugale*, non tanto per il fatto in sé, quanto per la *scomparsa dei sensi di colpa* ("Scappatelle senza stress. In Italia si tradisce così", *Repubblica* del 1 Dicembre 2008), e le modalità di contatto: chat, facebook e via dicendo. Tanta acqua è passata sotto i ponti da quando l'adulterio era un reato, dove però era solo la donna a incorrere in rischi penali: aboliti solo nel dicembre dl 1968 dalla Corte Costituzionale.

Il tradimento sembra spesso assumere caratteristiche da *antidepressivo*, soprattutto per le donne, allo scopo di evadere dalle tensioni della vita di coppia.

Un ultimo argomento oggi scottante è quello della *vecchiaia*. Appare palese come ci sia oggi una negazione delle trasformazioni, accettabili ma inevitabili, proprie dell'ultima fase della vita di ciascun individuo. Tuttavia, si tende a negare la diversità dell'essere vecchi, e negandola si manca ad essa di rispetto vero. Le lunghe propaggini del marketing e della pubblicità trasformano l'ultimo periodo della vita in un'ulteriore occasione di vendita di oggetti e di modificazioni fisiche ed estetiche: "Giovani per sempre" titola un articolo dell'*Espresso* del 18 Dicembre 2008. Ancora una volta è attraverso i film che constatiamo questo fenomeno di negazione, con spettacoli come *Mamma mia* con una Meryl Streep in veste adolescenziale, e con *Indiana Jones e il teschio di cristallo*, con il protagonista, un Harrison Ford oramai padre di un adolescente ma comunque in grado di ripetere esattamente le stesse imprese che aveva compiuto all'epoca del concepimento dello stesso figlio.

Le generazioni tendono a confondersi e a sovrapporsi, il corpo giovanile è insostituibile, e i giovani stessi faticono a ritrovare quelle figure antiche dei 'padri' e dei 'nonni' che segnavano lo scorrere del tempo. Sono i cosiddetti *baby boomers*, i nati tra il '45 e il '68, a faticare a trovare una vera dignità nel diventare anziani.

2. *Genitori*

È davanti agli occhi di tutti noi come il difficilissimo 'mestiere' di genitore oggi si svolga in condizioni totalmente diverse rispetto a quando molti di noi erano bambini, diciamo dagli anni Cinquanta fino ai Settanta.

D'altro canto, negli ultimi venti o trenta anni, sono avvenute una serie di trasformazioni sociali, le principali delle quali sono le seguenti:

1. nascono pochi bambini, che spesso rimangono figli unici,
2. l'età media dei genitori sale progressivamente,
3. le separazioni e i divorzi sono in costante aumento,
4. i nonni diventano spesso un'entità astratta a causa di ragioni economiche e logistiche,
5. è avvenuta una vera e propria rivoluzione affettiva: numerose sono le famiglie 'allargate' composte spesso da figli provenienti dalle precedenti coppie di ambedue i genitori,
6. i genitori si ritrovano a prolungare la convivenza con figli sempre più adulti… almeno di età.

Il risultato di questa profonda modificazione sociale, è che i genitori di oggi appaiono, nella media, ben diversi da quelli delle generazioni precedenti.

In molti articoli e inchieste, essi vengono definiti con aggettivi che cercano di rendere il loro stato di crisi: "calabraghe" (*Panorama* del

9 Ottobre 2008), appare quello che rende meglio l'idea, ma anche l'"inverterbrati" usato da P. Crepet durante una trasmissione televisiva non è male.

In ogni circostanza nella quale si tratti dei 'moderni' genitori, si ritorna sugli stessi punti nodali:

1. sembrano tutti avere abolito il 'no' nelle interazioni con i figli (appunto: 'calabraghe'),
2. appaiono pieni di sensi di colpa e dubbi su che cosa 'debbano' fare,
3. di conseguenza sembrano più o meno tutti alla ricerca di 'esperti' e di 'manuali' che spieghino loro come fare il loro 'mestiere',
4. d'altra parte si lamentano perché i figli, soprattutto quando arrivano alla fatidica adolescenza, non riconoscono la loro 'autorevolezza',
5. in ogni caso, come può testimoniare chiunque riesca ancora a proseguire nella propria missione di insegnante, i loro figli non sono mai colpevoli di quanto avviene a scuola ma sempre e solo vittime di qualcuno o qualcosa.

In un interessante articolo della *Repubblica* del 5 Agosto del 2008 ("Genitori apprensivi. Niente più giochi all'aperto"), viene citata una ricerca dell'associazione Play England, sulla quale dovremmo riflettere tutti, 'esperti' e non. Play England si occupa di promuovere il gioco come strumento educativo. Ebbene, nella ricerca suddetta, compare un dato decisamente allarmante, che è probabilmente sotto gli occhi di tutti, e forse proprio per questo poco notato (è capitato a tutti noi di non trovare un oggetto... in bella vista!). Oggi i bambini, per almeno il 50%, possono giocare all'aperto solo se sotto il controllo diretto di un adulto, quando gli stessi genitori 'controllori' a loro volta potevano giocare da soli fuori casa in almeno il 70% dei casi. Quindi attività che tutti noi ricordiamo con piacere e rimpianto, come andare in bicicletta con gli amici, oppure arrampicarsi sugli alberi, o anche giocare a pallone, vengono troppo spesso strutturati e supervisionati da adulti quasi sempre ansiosi. Questo, quando invece, gli stessi genitori fin troppo attenti all'immunità fisica dei loro figli, lasciano gli stessi 'tranquillamente' da soli davanti alla tv o al computer in almeno il 75% dei casi.

In realtà, il rischio reale di un infortunio durante qualunque dei classici giochi all'aperto sembra che sia addirittura di 1 su 30 milioni, e in ogni caso nel 75% dei casi si tratta di infortuni lievi: stiamo privando i nostri figli e nipoti anche delle vecchie e care *sbucciature alle ginocchia.*

Sono paradossalmente, ma non troppo, aumentati esponenzialmente gli infortuni da incidenti domestici. Un terzo di questi incidenti è subito, nelle ore notturne, da bambini che si fanno male giocando a interpretare qualche super-eroe, ad esempio lanciandosi per volare.

In realtà questo fenomeno ha tutt'altro che un mero significato teorico. Attraverso questo controllo iperprotettivo della fisicità dei bambini, viene causato un danno duraturo e non di lieve portata. La 'tranquillità' dei genitori a che non si facciano male i bambini, inibisce in questi ultimi la loro fisiologica voglia di *esplorare*, base essenziale per costruire almeno due architravi della loro futura identità di adulti:

1. la capacità di autonomia,
2. la confidenza nel proprio corpo, e questo è particolarmente rilevante nei maschi come vedremo più avanti.

I genitori, oltre che essere ansiosi che i propri pargoli non si sbuccino mai le loro preziose ginocchia dorate, sono anche molto preoccupati di fare sempre la cosa giusta.

In un articolo nella rubrica settimanale sull'inserto D della repubblica, del 26 Luglio del 2008, l'editorialista denuncia una sorprendente tendenza statunitense, che come tante potrebbe a breve sbarcare da noi. Nelle metropoli USA, è nata una ricca, in tutti i sensi, schiera di 'consulenti' che si dedicano a risolvere una serie di ansie genitoriali legate ad attività una volta considerate 'normali', come l'allattamento e l'addestramento al mitico vasino. Vengono delegate a una schiera di 'esperti' comuni attività di accudimento, una volta trasmesse per via generazionale.

Va anche sottolineato come l'ansia genitoriale che si rinviene da tutte queste nuove modalità di genitorizzazione, non deve nascondere l'importanza sempre maggiore che assume la scarsa disponibilità di tempo: i genitori, in genere, hanno poco tempo per gestire l'emotività dei figli, e in particolare le loro rabbie e frustrazioni. È del '68 la mitica auto-convinzione che... *non conta la quantità del tempo trascorso con i figli ma la qualità...* diciamolo francamente (un po' ce lo siamo detto tutti noi di quell'epoca): che bel modo di metterci la coscienza a posto!

Questa scarsa disponibilità produce quel fenomeno del 'calare le braghe' di fronte alle richieste sempre più esigenti: in sostanza pochi 'no'. Le libertà concesse aumentano con il passare degli anni: ospitare amici, organizzare feste, tornare tardi la sera, all'arrivo dell'adolescenza diventano, più che permessi, diritti acquisiti.

Questo progressivo aumento delle libertà potrebbero anche essere accettabile, se fosse compensato da una aumentata aspettativa sulle responsabilità da attribuire ai figli, cosa che purtroppo sembra avvenire con molta più lentezza e incertezza.

Nel rapporto dell'Istituto IARD del 2007 sulla condizione giovanile, appaiono dati tanto illuminanti quanto sconfortanti, in particolare per i maschi. Questi ultimi, giunti all'età di 15 anni, a fronte delle sopra elencate libertà pressoché universalmente 'conquistate', risultano:

1. non tenere in ordine la loro stanza in oltre il 25% dei casi,
2. non avere mai lavato un piatto in quasi il 60% dei casi,
3. non avere mai messo un panno sporco in lavatrice in quasi il 90% dei casi.

D'altra parte, non è un caso che i bambini di oggi siano stati definiti 'i figli delle tate'. Risulta che i bambini fino ai 3 anni, quando abbiano una madre che abbia un'occupazione fuori casa (il 56% delle donne tra i 30 e i 40 anni), vengono affidati in quasi la metà dei casi agli asili nido, a una babysitter, solo nel 7% dei casi ai nonni.

In un progetto di ricerca del CNR, chiamato "Città dei bambini", viene confermata l'attuale carenza nel fornire esperienze autonome ai bambini, nell'abituarli ad affrontare dei rischi adatti alla loro età. Il risultato è che diventano adulti inadeguati nella valutazione del rischio, con conseguenze, certo aumentate da altre concause, ma estremamente pesanti nel loro impatto sociale, quali soprattutto:

1. bullismo,
2. droghe,
3. incidenti stradali.

Oggi sembra esserci una corsa delirante verso la costruzione di un *bambino perfetto* (vedi *Repubblica* dell'11 Gennaio 2008). Questo bambino si muove nell'iperprotezione familiare e scolastica, spinto a bruciare le tappe della crescita, ma, non appena comincia a scoprire gli ostacoli della vita, si blocca. Questi bambini vengono continuamente monitorati in qualunque momento della loro esistenza (tranne, ripeto, il tempo trascorso davanti la tv o il computer).

Vengono controllati i tempi della digestione, del sonno e della veglia; le attività pomeridiane sono sincronizzate al minuto (lingue, sport, musica), e spesso anche le loro attività sportive diventano performance da equiparare ai risultati scolastici.

Per non parlare della *medicalizzazione* imperante, voluta dai genitori e sostenuta dai medici.

Si calcola che ogni bambino venga regolarmente sottoposto a più cicli di antibiotici all'anno; ogni allontanamento anche minimo dalla 'normale rotta' della crescita procura allarmi e attenzioni esasperate. Sembra che si vogliano proteggere questi bambini da qualunque frustrazione e dolore, fisico e morale. In realtà vengono privati dell'esperienza di provare, sperimentare e di sbagliare, quindi di scoprire le proprie attitudini e potenzialità.

Diete di ogni tipo vengono somministrate per 'prevenire' maniacalmente schiere di futuri improbabili obesi e anoressici. Molti genitori trasmettono alle figlie adolescenti le loro ossessioni per il corpo, o tutt'al più non riescono a dare dei no convincenti: i chirurghi estetici calcolano un 10% di ragazze che chiedono un intervento al seno entro i 18 anni.

Nel ciclo scolastico almeno tre bambini su dieci vengono sottoposti a test psicologici per ipotetici deficit dell'attenzione. Non sembrano più esistere i 'pigri', i 'distratti' e i 'vivaci', oggi sono tutti affetti da qualche certificato deficit di apprendimento o addirittura della personalità.

Uno dei disturbi più studiati e 'diagnosticati' è quello dell'*ADHD* (*Attention Deficit Hyperactivity Disorder*): uno stato con sintomi di iperattività, difficoltà nella concentrazione e scarso controllo dell'impulsività.

Psichiatri esasperati ed esasperanti vorrebbero introdurre gli antidepressivi già alle elementari, a loro dire per 'prevenire' future depressioni.

D'altra parte i figli di oggi, che crescono 'anestetizzati' dal dolore, nascono da coppie tipicamente di quarantenni, sono spesso figli unici e quindi non si confrontano con fratelli e a volte neanche con cugini, vengono investiti di tutte le aspettative e quindi sottoposti a un eccesso di programmazione: sembrano 'disegnati' in laboratorio, sono sommersi da un eccesso di stimoli fisici e culturali.

Paradossalmente questa sovrabbondanza non procura un migliore rendimento scolastico, anzi, i ragazzi italiani sono da questo punto di vista tra i peggiori in Europa ai test scolastici.

Un elemento da non sottovalutare è dato dalla carenza nelle scuole di insegnanti maschi, che contribuisce a portare una minaccia all'identità maschile in costruzione soprattutto tra gli alunni tra gli 11 e i 15 anni; secondo molti autori, la risposta è spesso data da atti di vandalismo, abbandoni scolastici, se non addirittura suicidi. I dati sul numero di insegnanti maschi è clamoroso:

1. il 95% di insegnanti donne alle elementari,
2. il 74% nelle secondarie inferiori,
3. il 59% nelle secondarie superiori.

In sostanza, questi figli vengono privati dell'esperienza del vuoto, della noia e dell'errore, ossia di tutte quelle sensazioni che maturavano i figli delle generazioni precedenti e che erano rese possibili, ad esempio, dai giochi all'aperto in gruppo in assenza di adulti, dai pomeriggi liberi da impegni e che portavano a 'inventarsi' qualcosa di creativo, ma anche dalla frustrazione di non aver reso bene a scuola.

I risultati principali di questa attuale tendenza genitoriale sono almeno due. Il primo è che, quando il bambino inevitabilmente comincia a sperimentare i limiti delle proprie possibilità, lo scarto con le aspettative idealizzate dei genitori procura una grande frustrazione e un senso di inadeguatezza da ambedue le parti. La delusione narcisistica può condurre a circoli viziosi nel tentativo di recuperare le delusioni impedendo al bambino di costruirsi un senso realistico di sé.

Il secondo è che il bambino si trasforma in una sorta di 'dittatore' che fa leva sui sensi di colpa e di inadeguatezza dei genitori: pretende di dormire con loro e di dettare tempi e modi per diete e così via dicendo.

Uno dei pochi ambiti nei quali attualmente i bambini e i ragazzi sembrano autorizzati a sperimentare se stessi, è quello di un accesso precoce alla tecnologia: il 90% dei bambini ha accesso a un computer entro gli 11 anni, e il 50% può navigare su internet.

Molti pedagogisti consigliano di utilizzare almeno queste risorse per seguire i figli fornendo loro un'esperienza di apprendimento ma anche di protezione parentale.

L'uso dalla più tenera età di giochi informatici adatti a ogni periodo evolutivo, può condurre il bambino a una positiva esperienza di sé e degli adulti come figure rassicuranti: giochi come il 'busy box', i finti cellulari per bambini piccoli, per arrivare a videogiochi educativi 'Wii fit', 'Wild african safari', 'Boom blox'.

Certo, l'ideale sarebbe che non sostituissero totalmente una bella arrampicata sugli alberi in gruppo.

3. *I giovani*

Anche in questo capitolo vedremo quali fenomeni possano essere direttamente correlati all'importanza della figura paterna nel mondo di oggi, in particolare rispetto alla crescita di un figlio.

I giovani maschi hanno a disposizione un numero sempre più scarso di modelli comportamentali maschili positivi fuori dalla famiglia, a partire dagli insegnanti, la cui professione è da lungo tempo appannaggio quasi esclusivamente femminile. Molti ragazzi trascorrono gran parte del loro tempo scolastico senza alcun contatto significativo con un uomo, e spesso non trovano neanche un padre a casa. Per ovviare a questa situazione problematica, i paesi anglosassoni stanno cercando di aumentare il numero di docenti maschi e di appoggiare i programmi di congedo per paternità.

Gli adolescenti maschi vivono in una notevole ambiguità, derivante da messaggi contraddittori:

a. da una parte una richiesta sociale di essere più sensibili emotivamente, ma non troppo a causa del 'rischio' inconfessabile di essere percepiti 'gay',
b. dall'altra la possibile accusa di essere asociali e violenti se cercano di aderire a tratti maschili più tradizionali.

Il primo elemento da sottolineare è la lentezza nel conquistare la propria autonomia da parte dei giovani. Alcuni, riferendosi a questo aspetto, parlano di *disempowerment*, ossia di perdita di potere a livello giovanile, altri di *sindrome del ritardo*.

I giovani sono sempre di più relegati in ruoli marginali. Nell'indicativo libro sui personaggi di rilievo, il *Who's who*, solo il 2% dei partecipanti ha meno di 35 anni, ed è fortemente diminuita la percentuale tra i 35 e i 50 anni: del resto, nel linguaggio corrente, il termine 'ragazzo' si può tranquillamente riferire a uomini di 30 e anche più anni.

L'irrilevanza sociale dei giovani appare clamorosa se confrontiamo i dati del 1910, dove 1/3 della popolazione attiva aveva meno di 30 anni, con quelli di oggi dove caliamo a 1/8.

Dal 1988 in Italia i ragazzi tra i 19 e i 24 anni sono calati del 42%, e solo 1 italiano su 6 ha meno di 30 anni.

A questo si aggiunge un calo notevole della natalità: nel 1980 avevamo circa 1 milione di quindicenni, oggi siamo calati a poco più di mezzo milione.

I giovani stanno perdendo in pratica il loro prestigio pubblico, diventando sempre più 'prede' di mode mediatiche e commerciali, mentre non vengono messi in condizione di tenere testa al forte avanzamento anagrafico in atto nei vari settori professionali. Gli uomini con meno di 35 anni al potere sono lo 0.1% in Italia, il 14% in Germania, il 29% in Cina. Solo i 3/10 dei neolaureati hanno un lavoro a un anno dalla laurea, e i ¾ di questi hanno un lavoro precario; il loro stipendio è comunque la metà della media europea.

In compenso, dal 1988 i minorenni che delinquono sono aumentati del 38%.

Si parla senza mezzi termini di "gioventù tradita" (*Repubblica* del 28 Giugno 2008): nell'articolo viene descritta una generazione che ha smesso di sognare, laddove la politica si occupa del loro futuro tanto a parole e molto poco nei fatti.

Questa involuzione diventa causa probabile di un forte incremento degli stati depressivi, della dipendenza da alcol e droghe, dei disturbi dell'alimentazione.

Secondo recenti statistiche, le persone di età inferiore a 34 anni, trascorrono il loro tempo:

1. nel 96% dei casi, almeno 4 ore davanti alla tv,
2. nel 98% la maggior parte del tempo libero a 'chattare'.

Il 51% ha avuto accesso a qualche tipo di droga, il 6% è soggetto a un vero e proprio abuso di alcol.

Lo Stato Italiano spende per ogni studente circa 1/5 rispetto alla media dell'Unione Europea. Questa assenza in un certo senso 'paterna' dello Stato, si somma a una latitanza della famiglia e dei padri in particolare: i genitori, per giustificare la loro mancanza, spesso inconsapevole, difendono a spada tratta i loro figli senza regole.

I risultati negativi sono sotto gli occhi di tutti noi: tutti guardiamo, alcuni di noi preferiscono non vedere.

Il primo, assolutamente drammatico, di questi effetti è dato dall'aumento esponenziale del **suicidio giovanile**: oramai è diventato un "problema primario per la salute pubblica" (*Psichiatria oggi* dell'Aprile 2008). Viene da più parti sottolineato come sia essenziale l'identificazione dei cosiddetti fattori di rischio, il principale dei quali è dato dall'esordio precoce di sintomi depressivi e soprattutto da precedenti tentativi di TS (Tentativi di Suicidio). In almeno il 70% dei casi questa identificazione non viene effettuata, tenendo anche conto che in età giovanile spesso questi tentativi vengono effettuati in forma mascherata, ad esempio attraverso una *accident-proness*, ossia una tendenza particolare ad avere incidenti. Secondo i dati dell'Organizzazione Mondiale della Sanità, la depressione sta dilagando anche tra i bambini.

Un secondo effetto è dato dal **consumo di alcol**, che si aggiunge al noto abuso di droghe di vario tipo. Il fenomeno viene ampiamente denunciato, oltre che nelle rivista specialistiche, sulla stampa a larga diffusione: "Ragazzi e alcol. Bevono uno su tre" (*Repubblica* del 18 Aprile 2008); "Gioventù bevuta" (*Espresso* del 9 Ottobre 2008). Molti ragazzi cominciano a bere già a 11 anni, alcuni sono già alcolizzati a 16.

Secondo l'ISTAT, dal 1998 al 2007 il consumo di alcol fuori pasto, per l'età dai 14 ai 17 anni, è passato per maschi dal 15% al 22%, e per le femmine dal 9% al 17%, il 7% beve alcol almeno una volta alla settimana. Le bevande più diffuse sono la birra per il 18% e gli aperitivi alcolici per il 15%.

Un terzo effetto è dato dall'inclusione nel 'prontuario giovanile' delle **droghe** di sostanze assolutamente 'moderne', in particolare del Viagra, passato dal ruolo di farmaco per curare l'impotenza a droga di largo consumo nei giovani sotto i 30 anni. Anche qui l'editoria ne ha largamente denunciato l'abuso ("Ho 20 anni e sballo con il Viagra", *Repubblica* del 27 Settembre 2008); il Viagra viene largamente consumato nelle discoteche, spesso associato a cocaina e ad alcol.

Parallelamente è aumentato l'uso improprio di farmaci antidepressivi, con abituali cocktail di alcol, cocaina ed ecstasy. Il fenomeno largamente segnalato quasi quotidianamente sulla stampa, anche di diffusione popolare con titoli a effetto: “Il lato oscuro della movida: il baby sballo arriva in corsia” (Roma, *E-Polis* del 9 Dicembre 2008). Diviene accessibile anche al lettore frettoloso delle prime ore del giorno, l’informazione che si sta velocemente abbassando l’età dei consumatori di stupefacenti, con i medici delle ambulanze che denunciano l’uso composto di farmaci e droghe anche a 12 anni.

Un quarto effetto, sul quale conviene fermarsi con particolare attenzione, è quello dell’aumento impressionante della **delinquenza giovanile**.

I cosiddetti “baby criminali” (*Espresso* dell’8 Maggio 2008) dilagano in quanto a:
1. bullismo,
2. reati vari, anche tra giovanissimi,
3. bande, maschili e anche femminili.

Secondo i dati del Dipartimento di Giustizia Minorile, nel primo semestre del 2007, troviamo che:
1. oltre 10.000 minori sono stati segnalati all’autorità giudiziaria,
2. 393 detenuti negli istituti penali sono minorenni.

Gli adolescenti sempre più spesso si calano nella parte del bullo mascalzone, prepotente e violento; speso giungono alle scuole medie aggressivi, violenti e con una grave difficoltà ad accettare i limiti della realtà. I quotidiani sono sempre più testimoni delle loro aggressioni: bruciature di capelli, pestaggi, estorsioni (*Repubblica* del 7 Maggio 2008 titola: “Minacciano, picchiano, bruciano i capelli: sono le nuove tribù dei bulli”).

Il **bullismo** è il fenomeno che negli ultimi anni ha maggiormente interessato l’opinione pubblica. Spesso le vittime sono i più piccoli o comunque deboli e indifesi: i bulli sembrano riproporre in modo grottesco alcune delle dinamiche perverse che si registrano nel mondo degli adulti, quale ad esempio il *mobbing*.

Il bullismo è senza dubbio sintomo di una ‘malattia’ più profonda, che attraversa tutti gli strati giovanili, indipendentemente dal ceto di appartenenza. Il termine deriva dall’inglese *bullying*, e fa riferimento a quella dinamica tra coetanei in un gruppo, dove i più grandi, forti o semplicemente violenti, si coalizzano per infierire su vittime, isolate e indifese. La dinamica si caratterizza, a episodi simili ma sporadici, per la sua sterotipia e ripetitività. L’aggressività può essere espressa verbalmente, direttamente in modo fisico, oggi anche in modo 'hi-tech' (cellulari e internet), con il cosiddetto *cyber bullismo*. Può prendere di mira minoranze etniche, o anche di identità sessuale o politica.

Petrone e Troiano (2008) distinguono diverse tipologie di bullo:

a. il *bullo dominante*, generalmente maschio, privo di sensi di colpa, e che di solito gode sia di un'alta autostima che di popolarità tra i coetanei,
b. il *bullo ansioso*, che può essere anche una vittima, instabile emotivamente e può avere sensi di colpa,
c. il *bullo passivo*, un insicuro che fa da 'gregario' al bullo dominante.

Un tempo, se non altro, il fenomeno era pressoché esclusivamente maschile: oggi assistiamo a una desolante 'parità' tra sessi anche nel peggio. Il Televideo Mediaset dell'8 Giugno 2008, titolava: "Troppo bella: picchiata da amiche. Episodio di bullismo femminile a Roma". Repubblica ha dedicato vari servizi al fenomeno, come il 18 e il 29 Aprile ("Le teppiste"; "Bulle") del 2008.

Le moderne gang femminili si esprimono in risse e aggressioni testimoniate da decine di denuncie. Spesso si tratta di vendette sentimentali, in una percentuale oramai uguale a quella dei maschi (17%). Le femmine sembrano essere più 'abili' dei maschi in un bullismo di tipo psicologico, ossia realizzato attraverso un isolamento della vittima tramite calunnie e maldicenze.

Alcuni adulti, esasperati, si stanno organizzando con delle "ronde" notturne a caccia di bulli (*Repubblica* del 1 e del 17 Maggio 2008: "Primo giorno delle ronde: noi a caccia di bulli"; "Parte la caccia ai bulli della movida").

Al di là di queste iniziative estemporanee, va segnalato il movimento che sta nascendo invece nel mondo giudiziario. Si sta diffondendo l'istituto della *'messa alla prova'*, il cui scopo è rieducativo e riabilitativo. Viene adottato con sempre maggiore frequenza dai giudici dei Tribunali per Minori, e sostituisce la pena detentiva con attività, ovviamente obbligatorie, di intervento sociale, come ad esempio il prestare assistenza a un disabile. Si tratta di un istituto già ampiamente utilizzato nel mondo anglosassone, e la cui filosofia è quella di aiutare il minore a elaborare il proprio errore, aumentando l'autostima e utilizzando la disciplina come atto d'amore. In Italia è stata applicata anche in casi di cronaca che hanno fatto scalpore, come agli studenti di un liceo di Torino che diffusero in rete su internet le immagini di un compagno autistico molestato; per gli studenti di Trento che filmarono una compagna in atteggiamenti 'scabrosi'; per i bulli di Milano che allagarono la scuola per evitare un compito; per i vandali che imbrattarono di svastiche una scuola media in provincia di Torino.

La Società Italiana di Pediatria ha svolto una ricerca su 'perché si diventa bulli', e le motivazioni fornite dai cosiddetti 'bulli' devono davvero farci riflettere:

1. essere ammirati (84% delle risposte),
2. diventare un leader (78%),
3. essere attraente (75%),
4. non essere emarginati (63%),
5. essere temuti (58%),
6. divertirsi (41%).

Un ultima notazione va fatta sull'uso dei videogiochi. Una ricerca della Stanford University ha dimostrato come l'uso, soprattutto prolungato, attivi le parti del cervello legate al desiderio di sfida e conquista, per cui l'effetto negativo può essere dato dalla disinibizione di istinti aggressivi.

Ora, se calcoliamo che un uso prolungato non può che derivare da un'assenza, psicologica o anche fisica, dei genitori, avremo un'altra riflessione da fare su come la nostra società sta crescendo i propri figli.

4. *La crisi del maschio*

"Ciao maschio, stai diventando una maschia!"

Questa frase è l'incipit a effetto di un reportage in prima pagina (*Repubblica* dell'8 Dicembre 2008) titolato "Lo smog minaccia la virilità. Il potere ora è femmina". L'articolo riporta i dati di una ricerca svolta dalla ChemTrust, un'associazione britannica che si occupa di inquinamento. La ricerca in questione riassume oltre 250 studi svolti in tutto il mondo sugli effetti dell'inquinamento chimico, in particolare sugli animali selvatici, ma tali da suscitare un allarme anche per la specie umana.

Sembra proprio che una serie di agenti chimici stiano influenzando non solo la funzionalità, ma anche lo sviluppo embrionale dei maschi di ogni specie vivente vertebrata, dai pesci ai mammiferi. Gli agenti chimici in questione sono contenuti nei pesticidi, in alcuni cibi, nei cosmetici, in tutti gli oggetti che contengano plastica. Gli individui di sesso maschile si stanno *femminilizzando*, con sintomi che vanno dalla diminuzione dei livelli di testosterone, all'aumento degli estrogeni, per finire alla diminuzione nella conta degli spermatozoi e a una diminuita dimensione dei testicoli e del pene. Tutto ciò mentre la situazione psicosociale del 'maschio' è oggetto da molti anni di ricerche, indagini e discussioni infinite; non c'è quotidiano, rivista, trasmissione televisiva che non dedichi periodicamente parte del proprio spazio a questo argomento, altamente intrigante per il largo pubblico delle chat e dei salotti pubblici e privati.

Tutti sembrano concordare sulla vastità della crisi attuale d'identità del maschio. Ci viene continuamente ricordato come un sintomo classico di questa crisi sia dato dalla *scomparsa del desiderio sessuale* (*Repubblica* del 6 Maggio del 2008), che arriverebbe in Italia ed Europa al 40% di aumento negli ultimi anni tra gli uomini e al 60% di insoddisfazione tra le coppie.

In particolare, il calo del desiderio maschile sarebbe triplicato negli ultimi dieci anni: che strano risultato della perenne esibizione sessuale che impera nei mass media!

Tutti sono anche concordi sul tentativo del maschio di uscire dalla crisi (*Panorama* del 18 Settembre 2008: "Il maschio cambia faccia"; *Mente e Cervello* del Luglio 2008: "Maschio allo specchio"; *Espresso* del 13 Novembre 2008: "Il gentil sesso forte").

Sembrerebbero superate etichette come quelle di 'latin lover' o di 'uomo tutto d'un pezzo'. Gli uomini di 30-40 anni di oggi si distanziano dai loro padri, che ancora dovevano proteggere il loro territorio dalla rivoluzione femminista. Viene descritta una generazione di 'nuovi' maschi alla ricerca di un diverso equilibrio tra le loro 'parti' maschili e femminili, e quindi di una migliore vicinanza con il sesso femminile. Maschi che, a differenza dei loro padri, non disdegnano la cura estetica del proprio corpo e il piacere del chiacchierare infinito, proprietà finora esclusiva delle donne.

Anche una ricerca svolta in 15 paesi europei da Discovery Channel, descrive una generazione maschile in grande mutamento. La gerarchia dei valori appare in trasformazione, con la **paternità** che sta diventando un obiettivo personale primario, anche con uno spirito nuovo. Il desiderio non è solo quello di 'avere' un figlio, ma anche di prendersene cura attivamente.

Il 51% degli uomini in Italia (il 78% in Svezia) pensa di poter allevare un figlio bene quanto una donna. Certo, dobbiamo sempre tenere presente che queste ricerche spesso mostrano tendenze sulle aspirazioni e gli ideali nascenti: i fatti non corrispondono sempre, nell'immediato! La realtà attuale è che in Italia la media degli uomini diventa padre verso i 40 anni (d'altra parte consideriamo che il 40%

degli uomini tra i 30 e i 39 anni vive ancora in famiglia), con un ritardo di almeno 5 anni rispetto alla media europea. Il ritardo del conseguimento della laurea e dell'inserimento nel mondo del lavoro rende per ora questa aspirazioni soprattutto un indicatore di tendenza.

D'altra parte, gli stessi uomini sembrano dare contemporaneamente una grande importanza a:

1. i viaggi,
2. il corpo e l'immagine: il 26% dichiarano di fare uso di prodotti di bellezza,
3. l'uso del Viagra.

Quest'ultimo dato rivela la presenza di una diffusa ansia da prestazione... e non solo. In un'altra ricerca è emerso che il 40% degli uomini tra i 30 e i 39 anni va dall'andrologo... accompagnato dalla mamma (sic!).

Al di là quindi delle intenzioni dichiarate e delle aspirazioni ideali, emerge l'immagine dell'uomo del terzo millennio come di un essere spaesato, alla ricerca di una identità nuova difficile da trovare se inseguita attraverso mode e miti mediatici.

Diffusa è la paura di invecchiare: nel 2003 su circa 150.000 interventi di chirurgia estetica, almeno 12.000 sono stati effettuati da maschi, dalla rinoplastica al botulino, dalla liposcultura alla blefaroplastica.

La perdita del ruolo 'classico' del maschio *cacciatore e predatore* ha portato a una ricerca ansiosa e confusa di nuove aree di controllo e di identità, e tra questi appunto la gestione del proprio corpo per aderire a modelli spesso creati ad arte dalla pubblicità. Riviste come *Max* e *Men's Health* contribuiscono al nascere e al morire veloce di questi modelli.

Anche gli uomini hanno dovuto affrontare importanti trasformazioni sociali, economiche e politiche, dovendo in buona parte rinunciare a quel controllo che li aveva garantiti nelle epoche precedenti. Questo indebolimento nel senso di controllo e di potere ha gettato molti uomini in un senso profondo di angoscia e smarrimento di identità, con una conseguente affannosa ricerca di nuovi e rassicuranti modelli nel quali ritrovarsi.

Il corpo viene utilizzato sia per aumentare il proprio aspetto 'muscolare', come per ritrovare visivamente il fantasma perduto della propria smarrita dominanza, oppure al contrario per annullare le differenze di genere con il sesso femminile inseguendo un'immagine neutra che dovrebbe emancipare da un ruolo che non si sa più mantenere.

L'uomo alla ricerca di una dominanza 'muscolare' è il cosiddetto *palestrato*, tanto caro a numerosi spettacoli televisivi, mentre il secondo è il cosiddetto *metrosexual*.

Quest'ultimo tipo, che ritroveremo in altre considerazioni successive, è un uomo 'metropolitano', ammalato del gusto per l'estetismo, frequentatore di locali alla moda (anche se egli stesso sembra già passato di moda nel giro di pochi anni), grande consumatore di prodotti per la cosmesi (il 15% del totale).

Salzman (2007) ha contrapposto al modello del metrosexual, un altro modello maschile, come dire, più 'di moda', ossia l'uomo *ubersexual*. Quest'ultimo è bello... ma non perfetto, macho... eppure dolce. Secondo l'autore, si badi bene, un sociologo esperto di marketing..., siamo di fronte al vero maschio del futuro, un uomo la cui mascolinità non avrebbe niente a che fare con i modelli precedenti, in quanto dotato di libertà e potenziali molto più ampi.

Questo stereotipi debbono comunque interessarci molto, visto l'impatto profondo che hanno e avranno sugli stili di vita propagandati da mass-media e pubblicità; infatti queste due tipologie di 'nuovi uomini' corrispondono a segmenti sociologici determinanti non solo da un punto di vista culturale ma anche economico.

Tra i maggiori cambiamenti sociali tra gli uomini, i sociologi e gli studiosi di marketing registrano soprattutto:

1. un'ascesa verticale della *vanità* maschile,
2. un maggiore coinvolgimento nella casa, con un interesse nuovo sia per la sua progettazione che per l'arredamento.

Nel frattempo, accese discussioni sono nate su quanto ci sia di *naturale* e quanto di *culturale* nei comportamenti legati ai sessi. I fenomeni descritti in questo capitolo, senz'altro spezzano una lancia a favore dell'influenza culturale degli stili del maschio.

Torniamo al termine *metrosexual*, coniato nel 2003 da Mark Singer, un critico culturale 'all'avanguardia'. Quest'ultimo descrive la tipologia di un uomo giovane, metropolitano e benestante, narcisista, di tendenze sessuali che possono essere diverse, dedito a lavori speciali (modello, sportivo ecc.); un feticista del consumismo, un 'collezionista' sulle fantasie che gli vende la pubblicità. Siamo di fronte a un uomo dedito al bello e raffinato, in altre parole una versione popolare di Oscar Wilde. La sua nascita viene collegata alla necessità dell'uomo moderno di acquisire una versione più leggera della mascolinità, che tenga in maggiore conto valori in passato esclusivamente femminili. È come se gli uomini, spiazzati dalla raggiunta parità dei sessi, avessero dovuto apprendere nuovi 'trucchi' per piacere alle donne.

Nell'*ubersexual*, tipologia che ha presto rimpiazzato la precedente, le tendenze principali sono legare alla passione per lo stile: è un uomo appassionato per ciò che gli viene 'naturale' e 'giusto', piuttosto che per quello che gli altri si aspettano che faccia. Attraente e dinamico, sicuro di sé e deciso, si propone come una risposta al femminismo, compiendo però scelte autonome e non reattive come il tipo precedente; pensa in modo positivo alle donne ma non si sottopone a costrizioni pur di piacere a loro.

Lo psichiatra H. Pope ha recentemente descritto un *complesso di Adone* (*Mente e Cervello* del Luglio 2008), studiando proprio la suddetta area di interesse. Il nome della sindrome si commenta da solo. Si tratta di adolescenti ossessivamente dediti al culto del proprio corpo e della muscolatura in particolare. Il corpo viene percepito in modo distorto, tanto da fare considerare questa sindrome un equivalente maschile del disturbo anoressico nelle femmine: viene definito anche con i termini 'bigoressia', 'anoressia inversa', 'vigoressia'. L'obiettivo di questi adolescenti è quello di ottenere un corpo che sfidi e superi i limiti imposti dalla natura.

Un disturbo simile è quello definito *dipendenza da sport* ('exercise addiction'), o *sindrome da overtraining*, che, a sua volta, viene considerato un equivalente della bulimia.

Detto questo, arriviamo al fenomeno forse più clamoroso di tutti, ossia quello dell'aumento vertiginoso dei casi di *anoressia maschile*, e in questo caso non si tratta di un'equivalenza. Siamo arrivati a una percentuale che va dal 10% al 25% del totale, per una malattia gravissima, che fino a pochi anni orsono era di esclusiva 'competenza' femminile, con l'aggravante che gli adolescenti che ne soffrono, si vergognano, in quanto maschi, del loro problema e quindi tendono a non chiedere aiuto. Essi presentano un disturbo dei livelli di testosterone, analogo alla perdita di mestruazioni nelle femmine, disturbi dell'erezione, depressione, un evitamento fobico delle situazioni competitive. La coppia dei genitori mostra classicamente:

1. una madre iperprotettiva e dipendente dal figli,
2. un padre distante e spesso interessato al figlio solo per quanto riguarda i risultati sportivi.

Un argomento, infine, che non si deve eludere è quello dell'*omosessualità maschile*. Non è obiettivo di questo libro entrare nel merito specifico di questo come di altri argomenti, che vengono accennati esclusivamente per orientare il lettore nell'attuale universo di un mondo maschile alla ricerca di nuovi canoni credibili di paternità.

Riferisco della teoria di Nicolosi (2002) sull'omosessualità maschile, non certo per ritornare a posizioni pregiudiziali per fortuna superate da decenni, bensì perché questo autore riporta una serie di considerazioni a noi utili più in generale all'interno del rapporto padre-figlio, anche se da lui utilizzate per conclusioni molto contestate sulla natura dell'omosessualità. Nicolosi innanzitutto distingue:

1. l'omosessuale *gay*: è ego sintonico, ossia d'accordo con se stesso,
2. l'omosessuale *non gay*: è ego distonico, non è d'accordo con se stesso, con la propria identità sessuale.

Quest'ultimo può, secondo l'autore, percorrere uno sviluppo 'oltre' l'omosessualità.

Per chiarezza nei confronti del lettore, ricordiamo come nel DSM (il *Manuale Diagnostico* pubblicato a cura dell'Associazione Psichiatrica Americana, un sorta di bibbia per gli operatori della salute mentale), c'è stato uno *sviluppo* accelerato riguardo alla collocazione psicosociale dell'omosessualità:

1. nell'edizione del 1952 compariva tra i *disturbi di personalità*,
2. nell'edizione del 1968 compariva come *deviazione sessuale*,
3. nell'edizione del 1973 scompare sotto qualsiasi denominazione.

Quindi, l'opinione più diffusa è quella di considerare l'omosessualità come un *orientamento* nella sessualità dell'individuo, che può quindi avere i propri tratti di personalità, 'normali' o 'nevrotici', indipendentemente dal suddetto orientamento.

Secondo Nicolosi, che ha dedicato la parte prevalente della sua carriera allo studio dell'omosessualità maschile, quest'ultima è sempre il sintomo di un fallimento del processo di integrazione dell'identità, e, a suo parere, scomparve dal DSM per fattori diversi:

a. l'intimidazione subita dal mondo della psichiatria dai movimenti sociali della rivoluzione sessuale e dei movimenti dei diritti delle minoranze,

b. la spinta dei movimenti politici contro le discriminazioni di qualunque genere,
c. la mancanza di terapie efficaci.

Quest'ultimo elemento è spiegato con la costante presenza negli psicoterapeuti di un atteggiamento definito come *distacco difensivo*: il terapeuta inibisce il proprio coinvolgimento emotivo, riattivando così nel paziente il ricordo di una figura paterna fredda e critica. I padri tipici degli uomini omosessuali sono assenti, inadeguati come figure di riferimento, spesso disturbati a livello psichiatrico; sono uomini che frustrano e feriscono ripetutamente le aspettative del figlio, che si sente non accettato per tutto quello che è, tentando poi nell'adolescenza di recuperare quello che gli è mancato attraverso il contatto sessuale con altri uomini, ammirando e cercando di farsi ammirare dai coetanei.

Personalmente, sono in disaccordo con questa visione deterministica e nuovamente medicalizzata dell'omosessualità maschile, ma trovo che sia necessario conoscere anche teorie come quella di Nicolosi, perché, anche se si può dissentire nel merito, comunque essa ci ricorda quanto possa essere distruttiva la mancanza e il rifiuto di una figura paterna.

Come al solito, è l'arte moderna del cinema a presentare, a volte anche in anticipo con i tempi, la crisi del maschio, anche come fase di confusione nell'identità paterna.

Già in *Gioventù bruciata* di N. Ray del 1955, abbiamo scene premonitrici della crisi del padre. In una scena, il figlio (James Dean) assiste con palese imbarazzo all'attività domestica del padre munito di grembiule: il figlio si aspetta dal padre qualcosa di diverso dalla madre, e lo odia nel momento in cui si sente privato di questo riferimento. In un'altra, che mostra un violento litigio tra figlio e padre, la prospettiva mostra su una scala la madre in alto, il figlio in mezzo, il padre in basso: una 'gerarchia 'molto significativa da un punto di vista simbolico.

Nell'ultimo e discusso *I segreti di Brokeback Mountain* di Ang Lee del 2005, viene demolito uno degli archetipi dell'epica maschile, quella del cow-boy.

Il drammatico *History of violence* di David Cronenberg del 2006, rappresenta, tramite una visione quasi fumettistica della violenza maschile, tanto eccessiva da rischiare di fuorviare, una metafora della perdita di autorevolezza del padre. Il protagonista, un ex killer di professione, si costruisce una seconda identità da normale cittadino di provincia per fuggire il suo passato. Il figlio, educato da persona 'perbene', diventa vittima dei soliti bulli di scuola, ma li subisce. A questo punto, il padre, che aveva invitato il figlio a non reagire, si trova costretto ad affrontare i suoi vecchi 'compari' che lo inseguono per vendicare il tradimento della sua fuga. Per difendere la famiglia è costretto a ritornare alle sue 'abilità' da killer, e in un crescendo che ricorda alcune epiche sfide del cinema giapponese e di quello western, elimina i pericoli che minacciano la sua tranquillità: il figlio, conoscendo l'altra natura da 'cacciatore' del padre, si sente autorizzato a difendersi dai bulli.

Considereremo in avanti, come la nostra tradizione occidentale, ma forse non solo questa, aspiri a un *padre vincente*, al limite ingiusto ma vittorioso; se il padre è giusto ma perdente… perde autorevolezza agli occhi del figlio.

D'altra parte, rimangono duri a morire tendenze culturali antiche che impongono ai maschi di:

a. sfidarsi tra di loro sulle *abilità*,
b. il dover continuamente confermare la propria *virilità*, soprattutto in pubblico,
c. nascondere le proprie *debolezze*.

Nei capitoli successivi, vedremo quanto difficile sia l'evoluzione in senso costruttivo di questi che sono comunque 'valori' maschili da tempo immemorabile, e quanto, allo stesso tempo, sia velleitario gettarli alle ortiche con sufficienza ed eccessiva precipitazione.

5. Movimenti maschili: tra cultura e moda

Abbiamo nei precedenti capitoli accennato al grande dibattito tra visione biologica (naturalista) e culturalista (socio-psicologica) nello studio dei comportamenti maschili.

Fino a non molto tempo fa, gli studi biologici erano considerati primari nell'assegnare i ruoli tra maschi e femmine, e questo permetteva di avere una definita chiarezza, per cui:

a. gli uomini erano 'adibiti' alla fecondazione, e, in quanto più forti e aggressivi, deputati alla protezione fisica ed economica di mogli e figli,
b. le donne erano 'centrate' sulla gravidanza e, in quanto più piccole e 'fragili', ritenute 'nate' per l'accudimento della casa e dei figli piccoli.

Come è naturale, più gli uomini e le donne si allontanano dalle loro condizioni biologiche e quindi dai propri antenati, più vengono influenzati dalle aspettative culturali, quindi da 'modelli', anche se spesso sono in particolare i mass-media a modellare oggi la nostra idea di cosa è *normale, possibile, desiderabile.*

Oggi è palese come una donna non abbia più bisogno di un uomo che la tuteli, senza contare che sta crescendo anche fisicamente e nella disponibilità di forza fisica, basti vedere quanto si sia ridotta negli ultimi anni la distanza con gli uomini nelle prestazioni sportive. Gli uomini da *necessari* sono diventati *opzionali*, le donne possono benissimo cavarsela in modo autonomo.

Il paradosso dei nostri tempi nel nuovo equilibrio tra i due sessi, è proprio questo: mentre è un punto di arrivo maschile avere riconosciuto di avere bisogno delle donne, queste ultime non vivono più l'uomo come un punto d'appoggio indispensabile.

Va anche considerato come il mondo maschile sia stato positivamente influenzato della cultura gay; gli uomini eterosessuali si sono aperti a una nuova attenzione alla cura personale e a una comunicazione affettiva più libera. Il rafforzamento dei vincoli di *amicizia* maschile sembra essere uno dei sistemi fondamentali per affrontare la trasformazione del ruolo e dell'identità di genere.

Siamo quindi testimoni e attori di fenomeni nuovi impensabili fino a qualche decennio fa.

Il passaggio da un'economia prima agricola e poi industriale, a un'economia di servizi, ha consentito un crescente potere reddituale alle donne; queste ultime hanno potuto progressivamente aumentare le ore dedicate al lavoro e alle attività extradomestiche.

Durante la seconda guerra mondiale, in particolare nei paesi anglosassoni, iniziava una inversione di tendenza nella distribuzione del lavoro: sempre più donne venivano assunte in lavori fino ad allora tipicamente maschili, e aumentarono progressivamente operaie, autiste, giornaliste e così via dicendo. Con la fine della guerra, e il ritorno degli uomini dal fronte, la costante ascesa del potere femminile aumentò verso un recupero della parità. L'evoluzione femminile si constata da tanti fenomeni impensabili fino a pochi anni orsono, e facciamo solo qualche esempio:

1. l'ingresso in attività sportive una volta esclusivamente maschili,
2. il successo in discipline accademiche come l'economia e le discipline scientifiche,
3. il rituale dell'addio al nubilato ha acquistato la stessa portata dell'addio al celibato,
4. un numero sempre maggiore di donne appare come 'eroine' nei film d'azione, ad esempio la Ripley di *Alien*.

Va tenuto presente che nelle classi sociali medio-alte, è comunque tutt'ora sempre la madre a occuparsi dell'impegno di accudimento dei figli, anche se attraverso 'terzi' (baby-sitter, asili), e questo anche a causa del fatto che a tutt'oggi il contributo degli uomini al funzionamento domestico risulta sopravvalutato.

Alcuni dati del Census Bureau americano, equivalente del nostro ISTAT, fanno riflettere sui profondi mutamenti che sono ancora in corso nella società occidentale nell'ultimo ventennio:

1. nel 1980 viene eliminato la categoria statistica del *capofamiglia* e sostituito con quella del *conduttore*,

2. nel 1981 viene fondato il National Congress for Fathers and Children, un'unione di gruppi per la difesa dei diritti dei padri e degli uomini,
3. nel 1993 la legge federale impone che tutte le aziende con più di 50 dipendenti, offrano fino a 12 settimane di congedo ai nuovi padri e alle nuove madri,
4. nel 1998 il Viagra diventa un fenomeno di costume e un campione di vendite,
5. nel 2000 le coppie sposate sono il 50% del totale rispetto all'80% degli anni Cinquanta,
6. nel 2001 il tasso di suicidio tra gli uomini tra i 25 e i 34 anni è raddoppiato rispetto a vent'anni prima, ed è 7 volte più probabile che tra le donne,
7. sempre nel 2001, il rapporto uomo/donna nell'anoressia nervosa è di 1/4 invece che 1/15 come negli anni Ottanta,
8. nel 2003 si registrano oltre 1 milione di interventi estetici tra gli uomini,
9. nello stesso anno si registrano oltre 2 milioni di padri 'single' contro i 400.000 degli anni Settanta.

Il costante aumento dell'aspettativa di vita media ha avuto grandi conseguenze sia sulla procreazione che sulla durata media dei matrimoni, tanto che sono davanti agli occhi di tutti fenomeni come i genitori tardivi.

Molte donne sono portate prima alla realizzazione professionale e solo in un secondo tempo a diventare madri, e la frequenza è talmente elevata da avere fatto coniare un nuovo termine sociologico, quello di donne *singleton.*

Va tenuto ben presente come oggi la scienza consenta di:

1. controllare la fertilità,
2. arrivare alla fecondazione in modo indipendente dalla presenza fisica di un uomo,
3. la tecnologia della clonazione prima o poi renderà il seme maschile non indispensabile: l'uomo diventerà un'alternativa, per cui verrà superato il messaggio (i geni) dal messaggero (il maschio).

Sono cambiamenti, presenti e futuri, epocali, e nessuno è in grado di prevedere le conseguenze che ci saranno nei rapporti sociali e affettivi.

Il remake del 2004 del film *La fabbrica delle mogli*, reintitolato

La donna perfetta, descrive una storia conturbante, soprattutto per noi uomini. In un immaginario villaggio della classe media americana, condotto da donne tutte apparentemente stereotipate nella loro femminilità remissiva, che ricorda le donne di tante pubblicità da 'mulino bianco', si scopre che la regista del tutto è appunto una donna, la quale, stanca del marito poco virile e fannullone, ricostruisce in laboratorio il suo compagno come un perfetto esemplare di maschio 'alfa'.

Esistono tipologie familiari nuove, come le seconde e le terze famiglie, nate dalla ricomposizione di nuclei precedenti sfociati in separazioni, molto frequentemente volute dalle mogli: le donne non hanno più timore a essere loro a 'guardarsi intorno'.

Le persone avevano idee ben definite, magari oggi considerate errate ma chiare, su cosa fosse 'un vero uomo', e questo fino alla metà del Novecento. Successivamente, nel giro di pochi decenni, che equivalgono a pochi attimi in proporzione alla durata enorme dell'evoluzione dell'umanità, l'immagine classica del maschio si diluisce e indebolisce. Allora l'uomo aveva un suo ruolo ben definito in corrispondenza alla sua 'natura' di *cacciatore dominante.*

Il *movimento femminista* nel XX secolo assume un ruolo chiave per riaprire il confronto tra ruoli maschile e femminile in termini di contrapposizione tra *cultura* e *biologia*, con il rifiuto della posizione sottomessa della donna per 'natura'. Questa contrapposizione va avanti ancora oggi, come un pendolo che oscilla a volte da un lato e a volte dall'altro. Attualmente sembra pendere verso la biologia, o meglio la genetica, che tende verso confronti costituzionali tra i due sessi. Alcune differenze, che sembrerebbero innate, possono in effetti farci riflettere:

a. il *cervello* negli uomini è più sviluppato nell'emisfero sinistro, mentre nelle donne presenta una maggiore simmetria tra i due emisferi con un maggiore flusso di informazioni tra i due,
b. il *linguaggio* è più sviluppato già nelle bambine rispetto ai coetanei… con evidenze tra gli adulti: sembra che le donne possano parlare anche 20 minuti a telefonata, gli uomini arrivano a stento a 6.

Indiscutibile la connessione tra i due livelli biologico e comportamentale, se si pensa che i livelli di *testosterone* nell'uomo decrescono quando egli sente il pianto di un neonato oppure quando lo tiene in braccio.

Ritornano attuali gli studi etologici, che esaltano la radice antropologica delle differenze tra i due ruoli, costruiti a partire dall'alba dell'umanità. Riassumendo alcune delle risultanze di questi studi, apprendiamo che:

a. i *maschi* trascorrevano molto del loro tempo a caccia di cibo fuori dal loro villaggio, per cui divennero più muscolari delle femmine, con un acuimento della vista e dell'odorato, e un maggior desiderio di rischiare e di rimanere concentrati su un obiettivo. Una delle eredità sarebbe, ad esempio, una maggiore abilità nel leggere le carte geografiche;
b. le *femmine* si prendevano cura dei piccoli, in modo stanziale, con un esercizio nella distribuzione dell'affetto e dei compiti domestici tra i diversi figli; tra le altre conseguenze, quella di sviluppare la comunicazione verbale (l'area cerebrale deputata al linguaggio è più vasta che nei maschi), i sensi dell'udito e del tatto più sofisticati. Gli ormoni ossitocina e prolattina si sarebbero maggiormente prodotti, proprio in quanto stimolati dalla maggiore attenzione all'affettività.

Oggi la superiorità biologica del maschio è in discussione, e questo è dovuto sia a dati 'organici' che sociali. Vediamone alcuni:

1. le donne vivono mediamente 8 o anche 10 anni più a lungo,
2. si constata un forte declino nella conta degli spermatozoi,
3. i maschi soffrono più frequentemente di numerose condizioni patologiche, dall'alcolismo, alla dislessia, al diabete, alla frequenza al suicidio, fino a forme più rare come la sindrome di Tourette,
4. all'età di 30 anni l'uomo è soggetto a incidenti 15 volte più frequentemente delle donne,
5. l'omicidio è 10 volte più frequente nell'uomo.

Se provassimo a riassumere quali siano stati i principali cambiamenti della logica maschile consolidata da secoli di consuetudini e pregiudizi, ci troveremmo di fronte almeno ai seguenti:

1. la riduzione o addirittura il rovesciamento dei 'classici' vantaggi maschili, come la forza fisica o le maggiori possibilità educative e lavorative,
2. il ridotto bisogno che le femmine hanno dei maschi, anche a livelli procreativo,
3. la diminuita efficacia dei vecchi stereotipi maschili di aggressività nel mondo del lavoro,

4. le donne definiscono con vigore cosa sia un 'vero uomo' dal loro punto di vista,
5. gli uomini sono stati spinti a elaborare nuove strategie di seduzione per attrarre le donne,
6. il bombardamento al quale sono sottoposti anche gli uomini rispetto a modelli idealizzati dai mass-media,
7. la grande carenza di modelli maschili per i ragazzi, sia nella scuola che nell'industria dello spettacolo; spesso il *maschile* prende spunto dal *femminile* sia per similitudine o imitazione, che per 'sottrazione', ossia si elimina tutto ciò che riguarda la donna e ne risulta quanto riguarderebbe l'uomo.

Continuano a esistere i vecchi stereotipi al maschile, sia positivi (forza, indipendenza, tendenza alla leadership) che negativi (aggressività e violenza, ipercontrollo e dominio), ma come sintesi di un modello possibile o da emulare acriticamente, oppure da evitare in toto.

Comprensibile quindi l'esplosione negli ultimi decenni dei cosiddetti *movimenti maschili*, che possono essere raggruppati in due filoni principali:

1. il primo è quello dei movimenti *mitopoietici*, che nascono prevalentemente dall'opera di Bly (2000). Gli uomini, genere decaduto, devono riscoprire quanto di maschile è stato perduto nella società industrializzata; vengono incoraggiati periodi di ritiri organizzati per riattivare quanto di 'selvaggio' rimane in ciascun uomo, contrastando quello che viene considerato il debole uomo *new age*. Il *mankind project* persegue questa filosofia con il suo *New warrior Training Adventure*: l'uomo tornerà migliore a casa, dopo aver riscoperto il 'guerriero' che coltiva in sé. Interessante il movimento dei *Promise Keepers*, uomini che ripetono a se stessi in gruppo la preghiera di riuscire a essere buoni padri e mariti;
2. all'estremo opposto i movimenti *pro femministi*, che vogliono intenzionalmente mitigare il tradizionale potere maschile per correggere gli errori tipici del privilegio maschilista. Esempi sono la *National Organization for Changing Men* e la *National Organization for Men against Sexism*.

Parte seconda

Nel merito del rapporto tra padre e figlio

1. La paternità

Premessa

Questo capitolo intende fornire una panoramica sulla condizione paterna, a partire da letture diverse ma complementari: psicologica, storica, antropologica, sociologica e legislativa. I capitoli successivi avranno lo scopo di approfondire le singole tematiche.

1. La storia

Iniziando da un inquadramento assolutamente introduttivo, diremo che si possono rinvenire tra tipologie di paternità prevalenti nella storia e nella geoantropologia:

1. quella *autoritaria*, che si esprime nel cosiddetto *padre padrone*, ben presente nell'Antico Testamento, basata sulla centralità della punizione,
2. quella *autorevole*, che vuole trasmettere modelli di giustizia e di valore,
3. quella *intimista*, tipica della cultura trasmessa dai media moderni.

Le società mediterranee antiche caratterizzavano il maschile e il femminile con archetipi simbolici legati alla terra: *l'ulivo* in quanto solare e vitale era 'paterno', *il fico*, in quanto ricco di frutti scuri, era 'materno'.

Nella religione Cristiana, il padre terreno, Giuseppe, è innanzitutto *educatore* per il figlio Gesù, insegnandogli il proprio lavoro.

Nella teoria junghiana, il padre incarna con nitidezza attributi differenti rispetto a quelli della madre: è lo 'spirito generatore', il modello di 'persona' come archetipo sociale, fornendo i valori necessari per il vivere sociale. Il bambino, grazie al padre, comprende di non essere onnipotente e di essere soggetto a regole; un bambino senza regole, vive l'angoscia di una mancanza di limiti, e in tal senso vanno ricordate le reazioni depressive e regressive presenti negli asili a filosofia antiautoritaria degli anni '60 e '70.

Fino a pochi secoli orsono, era il padre a trasmettere al figlio il sapere e l'abilità lavorativa, funzioni che gli vengono sottratte dalla società emersa dalle rivoluzioni francese e industriale, dopo le quali sarà lo Stato a sostituire il padre nell'educazione del figlio. La moderna società dei consumi, finirà di debellare l'antica funzione paterna, restituendo centralità simbolica alla funzione materna attraverso il dominio dei bisogni da soddisfare.

Da un punto di vista storico, prima della Rivoluzione Industriale, il padre medio, occupato nel lavoro nei campi, trascorreva molto tempo a casa con la famiglia, soprattutto nei mesi invernali.

Solamente negli ultimi anni si avvertono segni di un rinnovato riavvicinamento fisico dei padri ai figli. Negli anni Sessanta del secolo scorso, gli uomini anglosassoni dedicavano circa 15 minuti al giorno ai figli, mentre oggi la media è passata a circa due ore.

Qualitativamente, rimane comunque evidente come l'uomo moderno non sia progredito nella sua funzione paterna quanto le donne sono avanzate nel mondo del lavoro. Tuttavia, va anche chiarito che gli uomini stanno riscoprendo la loro capacità di prendersi cura dei figli, dovendo lottare con una società che nel suo profondo continua a ritenere che i maschi non siano 'per natura' adatti ad allevare bambini. Inoltre tutti sono stretti tra due spinte contrastanti, tra l'essere un padre disponibile e il non mollare comunque sul piano del lavoro.

Da quando il lavoro industriale ha allontanato il padre dalla famiglia e dai figli, l'immagine classica del padre è entrata in una lunga involuzione e trasformazione, a tutt'oggi in corso; la trasformazione del modello ottocentesco e capitalista, come tutte le crisi, offre grandi possibilità di cambiamento, che però dobbiamo ancora integrare in un modello coerente e convincente.

Storicamente, le mutazioni nel rapporto tra padre e figlio sono enormi, anche se oggi ne possiamo avere perso le tracce.

Secondo molti, la *nascita del padre* fu il primo atto della civiltà per come oggi la intendiamo. L'umanità compì un vero e proprio salto evolutivo, paragonabile a quello metaforico della 'scoperta del fuoco', allorché gli schemi biologici e istintuali della riproduzione vennero integrati con l'atto culturale del padre che, riconoscendo il figlio come proprio, esprimeva un atto di volontà: sceglieva di proteggere il figlio con la madre.

Il programma biologico della sessualità, legato al meccanismo filogenetico della sopravvivenza e della selezione, si accorpava con un programma culturale che permetteva il primo passaggio alla *civiltà*; il padre si poneva tra natura e cultura, tra biologia e storia, un ponte che è stato intuito dalla *madre preistorica* che affidava al maschio prescelto la protezione propria e del figlio.

Ancora nel Medioevo, il bambino dei ceti sociali fuori dalla nobiltà, veniva formato attraverso un *apprendistato*: andava a servizio presso altre famiglie verso i dieci anni per tornare in casa verso i quindici.

L'emergere dell'idea di *scuola* nel XV secolo, riavvicinava la famiglia ai figli, ed è stato solo nel XVII secolo che la famiglia iniziava ad assumere un'identità vicina a quella che concepiamo oggi, anche attraverso una trasformazione abitativa: i servitori cominciavano a vivere in ambienti separati dai loro padroni.

È nel '700, il secolo dei Lumi, che si delineava, prima di tutto in Inghilterra, il modello di *famiglia nucleare*, come oggi la conosciamo, con una nuova concentrazione affettiva dei genitori verso i figli all'interno del nucleo coniugale; l'affetto paterno si esprimeva attraverso una nuova comprensione e rispetto dell'individualità del figlio.

Nell'800, epoca di restaurazione, venivano ripristinati antichi valori di normatività, che irrigidivano la funzione paterna in un serioso codice di norme, anche sessuali.

Agli inizi del Novecento, periodo di grandi emigrazioni di massa, nasceva la figura del 'padre pioniere', che spesso faceva pesare tutta la vita sui figli l'enormità del proprio sacrificio e la grandezza del proprio successo.

La moderna società occidentale si caratterizza per la mancanza della figura del *mentore*, che era in altre epoche l'anziano che introduceva il giovane maschio alle attività sociali e lavorative.

In passato, erano i *riti di iniziazione* a consentire al maschio il passaggio alla vita adulta sotto l'egida degli altri maschi maturi della società. Questi riti portavano l'adolescente a:

1. superare la minaccia inconscia di una identificazione regressiva con la madre di fronte all'angoscia della realtà,
2. ritrovare nella mascolinità una conquista,
3. accrescere l'autostima attraverso il riconoscimento degli altri maschi adulti.

L'immagine del *padre fragile* si evidenzia definitivamente quindi nel decennio che parte dal '68, che sarebbe all'origine del *papà chioccia*, segnalato in film come *Tre uomini e una culla*.

2. Le basi della paternità

Prima di cadere in posizioni di radicale pessimismo sull'attuale condizione del maschio e di conseguenza della sua capacità di fornire modelli paterni positivi, vediamo di ricostruire come si è sviluppata l'idea della *paternità* nel corso della storia umana, da quel particolare angolo di osservazione che è dato dalla mitologia e dalla letteratura.

Nell'epoca nebbiosa dei nostri progenitori, la *madre preistorica* per prima scoprì il padre, legando l'atto sessuale alla gravidanza: essa sceglieva tra tutti i maschi del gruppo quello che garantiva la maggiore protezione a lei e alla prole, e a sua volta il padre prescelto si dichiarava disponibile ad assumersi le sue responsabilità. Secondo gli antropologi, sarebbe questa la fonte dell'importante atto psicologico e relazionale della madre che indica il padre al figlio, convalidandone il ruolo.

Nell'antico Egitto era già nota l'esistenza del legame biologico tra padre e figlio. Tuttavia, anticipando di millenni la cultura romana e quindi occidentale, la paternità non era considerata un fatto meramente naturale, bensì corrispondeva a un *riconoscimento* reciproco tra padre e figlio: il figlio doveva meritare il riconoscimento da parte del padre, il quale altrimenti poteva ripudiarlo. Il padre aveva quindi una *funzione pedagogica*, e il culto dei morti nasceva anche dal dovere del figlio di onorare il padre nell'aldilà. Il mito di *Osiride e Horus* sanzionava e tramandava quanto gli egizi attribuivano al rapporto tra padre e figlio. Osiride viene scelto dal padre Geb come successore al trono, suscitando la gelosia del fratello Seth, che lo uccide tagliandolo a pezzi e spargendone le membra in luoghi lontani tra di loro. Iside, sorella e sposa di Osiride, concepisce dal defunto marito Horus, il quale vendica il padre, nutrendolo e dandogli nell'aldilà un potere analogo al suo: Osiride diventa il dio della fertilità.

Nel racconto biblico di *Abramo e Isacco*, il Padre, per essere tale deve sacrificare il Figlio. Dio e Abramo sono accomunati dal gesto di uccidere il figlio come equivalente simbolico di porre il figlio fuori di sé, riconoscendone l'alterità.

Nel mito greco di *Dedalo e Icaro*, Dedalo, il padre è secondo la psicologia analitica di Jung il Senex, mentre Icaro, il figlio, è il Puer. Quest'ultimo può volare o cadere, ossia diventare maniacale o cadere in depressione; il Puer ha bisogno del Senex per trovare un equilibrio e diventare Figlio, il quale quindi è segnato dalla presenza del Padre. Il Puer è l'amore per l'avventura e per la trasgressione, ma solo diventando Figlio acquista il senso del limite e la responsabilità per il proprio destino individuale. In assenza del Padre, il Puer rimane in uno stato di eterna adolescenza (Puer Aeternus). Quindi Icaro (il Puer) può diventare Figlio solo se accetta i limiti imposti da Dedalo (il Padre), e quindi costruire un Sé adulto.

Passando a realtà culturali e religiose ancora più vicine, vediamo come nelle comunità ebraiche chassidiche è il padre a introdurre il figlio nella comunità.

Il mito del distacco adolescenziale del figlio dal padre si esprime nelle storie e nelle vite di Siddartha, Gesù Cristo, San Francesco.

Arrivando 'a volo di uccello' nella nostra epoca, e nella nostra cultura italiana, incontriamo il personaggio manzoniano di *Renzo* nei *Promessi sposi* del 1840. Renzo è orfano di padre, che trova in Frà Cristoforo un degno padre adottivo che gli trasmette un codice; un processo molto simile, circa un secolo dopo, a quello che vive il bambino orfano Pià, del calviniano *Il sentiero dei nidi di ragno*, il quale trova il suo padre adottivo in un partigiano.

Citerò alcuni altri film, i quali illustrano bene quelle che ho definito 'le basi della paternità'.

Inizio con lo splendido, *Big fish*, del regista Tim Burton, tratto dal romanzo di I. Wallace. Racconta la vita di Edward Bloom e del figlio Will, la cui moglie sta aspettando un bambino. Will incontra il padre Edward sul letto di morte; è arrabbiato da anni con lui, lo accusa di aver riempito le sue orecchie di improbabili racconti nei quali lo stesso Edward era protagonista eroico di improbabili avventure, vissute insieme a bizzarri personaggi da circo. Will sostiene che con questi racconti, vicini alle confabulazioni, il padre gli ha sempre impedito di conoscerlo per chi era veramente. Durante un confronto anche duro con il padre, Will alla fine realizza, con dolore e sbigottimento, che il padre era proprio quello che appariva, un *narratore*, e che non era importante la verità oggettiva delle storie ma la profondità del rapporto che si veniva a creare tra narratore e ascoltatore, quindi contava la capacità di relazione. Il Figlio riscopre il Padre, e può diventare egli stesso Padre, prima che del bambino che nascerà, del proprio padre: Will racconta a Edward, negli ultimi istanti della vita di quest'ultimo, la 'vera' fine della vita di Edward. Il testimone è passato dal padre al figlio.

Per chi ritenesse che si tratta nel film di una simpatica... invenzione cinematografica e letteraria, ricordiamo che la stessa Bibbia e il Vangelo, non descrivono dottrine, ma raccontano storie; nello stesso campo della psicoterapia, è in auge da tempo un filone di ricerca che viene appunto definito 'narrativismo'.

Un secondo film che vale la pena di menzionare, anche con un po' di... orgoglio patriottico (che visto il tema del libro può anche andare bene), è il pluridecorato *Il postino*, del 1996, ultimo girato da Massimo Troisi. L'attore impersona Mario, un uomo orfano di madre e con un padre silenzioso e assente, il quale vive su un'isola che non sa godere nella sua sensuale bellezza, limitandosi a osservare la vita degli altri, anche e soprattutto quella sentimentale. La sua vita è sconvolta dall'arrivo sull'isola del celeberrimo poeta Pablo Neruda, in fuga dal Cile per motivi politici. Neruda diventa per Mario una figura paterna idealizzata, e desidera che il potere di creatività e di amore delle sue poesie si trasferisca a lui, riuscendo così a riscoprire la capacità di corteggiare e di rivedere la bellezza del mare, in altre parole il mistero dell'erotismo. Coglie il poeta durante un abbraccio con la moglie, e la scena rappresenta per lui la freudiana *scena primaria* del bambino che immagina o vede i suoi genitori nell'atto sessuale. Mario riesce a corteggiare la bellissima Beatrice (forse il nome non è casuale!), ponendogli le poesie di Neruda come se fossero le sue: l'introiezione del padre forte lo rende sicuro di sé. Egli muore dopo essere diventato padre, di un bambino che chiamerà... Pablito.

È un bellissimo film sul *potere trasformativo del padre*, verso un figlio che cambia *nel nome del padre*, in questo caso un nome importante, come dovrebbero essere tutti i padri per tutti i figli: del resto, un *postino* è appunto un uomo che trasmette messaggi.

Un terzo film che parla del padre, questa volta della *distruttività paterna*, è *Shine*, sempre del 1996. Tratto da una storia vera, narra di David, un musicista, il cui padre, Mr. Helfgott, viene chiamato dal figlio 'il leone arrabbiato'. Il padre, figlio di un uomo che gli aveva sadicamente distrutto l'amato violino, identificatosi con il proprio padre aggressore, gioca con David al gatto con il topo: lo spinge ambiziosamente a vincere nella musica, e contemporaneamente lo controlla in modo sadico e onnipotente, arrivando a distruggergli l'album dei ricordi fotografici. Lo ossessiona con un pezzo enormemente difficile per David, il Rachmaninoff n. 3, che suscita in lui voci interiori contrapposte spingendolo alla psicosi e all'internamento psichiatrico. David tenta di compensare l'aggressività paterna con una figura vicaria, Katherine, che cerca di aiutarlo a separarsi dal padre, ma il tentativo riuscirà solo parzialmente: David tornerà a suonare il pianoforte in un ristorante, senza tuttavia porre riparo completo alla castrazione paterna.

Nel nostro ultimo secolo, sono state le nuove discipline sia della psicologia che della psicoanalisi a occuparsi del rapporto tra padre e figlio, anche se sempre in misura minoritaria rispetto al rapporto tra madre e figlio. Alcuni elementi rilevanti sono stati acquisiti, e ne riassumiamo i principali.

La psicologia evolutiva ha dimostrato come i padri reggano fisicamente i bambini in modo diverso dalle madri:

1. li tengono più in alto verso il collo,
2. girati verso gli altri,
3. tendono a gettarli in aria

Le modalità di gioco sono anch'esse profondamente diverse:

1. la madre ha una modalità *distale*, soprattutto verbale, centrata sulla lallazione e su giochi come il 'cucù' e 'batti le manine', che producono modificazioni emotive lente e più sfumate.
2. il padre ha una modalità *prossimale*, prevalentemente fisica e che produce eccitazioni veloci e intense.

Il maschio percepisce il proprio corpo in termini di *azione*: prima era il lavoro a organizzare attività in comune tra padri e figli, oggi vanno create attività fisiche da condividere insieme.

La figura del padre è per larga parte culturalmente condizionata, legata al ruolo assegnatogli nelle diverse epoche. Oggi si parla più di *funzione paterna*, meglio se svolta dall'uomo, ma che, secondo alcuni, può essere eventualmente svolta anche da altre persone disponibili e competenti, a partire dalla madre.

Gli psicoanalisti parlano del cosiddetto *padre grigio*, portatore delle 'colpe' dei padri, legate all'indebolimento delle due principali funzioni paterne:

1. la *mancanza di negatività*: il padre deve impedire che il figlio rimanga invischiato nella fusione con la madre. La relazione simbiotica primaria con la madre crea un mondo senza l'angoscia del confronto con la realtà, quindi un mondo psicotico senza leggi e gerarchie, quindi privo di conflitti e bisogni insoddisfatti;
2. la *mancanza di positività*: il padre deve intervenire attivamente nel triangolo edipico, rendendo il figlio il 'terzo escluso', amato da entrambi i genitori ma costretto dal padre a organizzare la propria solitudine e quindi la propria autonomia.

I 'padri grigi' non sanno aiutare i figli in nessuna delle due suddette operazioni di crescita, impedendo loro di raggiungere una *alleanza intergenerazionale* tra maschio adulto e bambino, nella quale il padre (Senex) insegna al bambino, ritrovando in quest'ultimo aspetti infantili positivi (Puer) che aveva rimosso. Ricordiamo sempre che è il figlio a generare nel padre la sua definitiva identità di uomo adulto, con la realizzazione comune di una potente trasmissione generazionale.

Abbiamo quindi l'occasione di delineare orientativamente un'idea di cosa sia *buon padre*, in modo da avere delle linee guida per tutto lo sviluppo successivo del libro.

Le caratteristiche principali saranno le seguenti:

a. la capacità di favorire *giochi di contatto* (solletico, lancio in aria, lotta),
b. una partecipazione attiva alla vita del figlio nelle diverse sue fasi di sviluppo,
c. la maturità di non 'portare' il suo lavoro in casa (ad esempio imparando a rilassarsi prima di rientrare),
d. la capacità di sviluppare attività in comune con il figlio (leggere, fare i compiti, esplorare luoghi nuovi, parlare di interessi comuni, condividere i reciproci sentimenti).

Ecco invece cosa un ‘buon padre’ non fa:

a. ribaltare il ruolo con la madre,
b. dare ordini immotivati (‘Perché no!’, ‘Perché lo dico io!’),
c. vergognarsi di esprimere sentimenti di tenerezza,
d. non mantenere la parola data,
e. sfogare il proprio nervosismo sul figlio,
f. insegnare qualcosa di diverso da quello che lui stesso fa e fa vedere al figlio.

Secondo Snarey (1993) la meta ideale di questo lungo e faticoso processo di trasformazione dell’identità paterna sarebbe il cosiddetto *padre generativo*, ossia quello che contribuisce allo scambio tra generazioni attraverso le cure che fornisce sia come padre biologico che come padre sociale. Le funzioni che tale padre dovrebbe adempiere sono le seguenti:

a. trasmettere un *senso di responsabilità sociale*,
b. una capacità di comprendere i bisogni del figlio,
c. l’aiutare il figlio a comprendere i bisogni degli altri,
d. un sostegno verso un’apertura sociale e un impegno etico e morale.

3. Il contributo della psicoanalisi

La paternità è un evento di portata sia *sociale* (un bimbo nasce e quell’uomo diventa padre agli occhi del mondo), che *psicologico*: un lento, complesso, sottile processo di crescita, che inizia ben prima del parto in sé. Dopo la seconda infanzia e l’adolescenza, essa determina per l’uomo una terza fase di *individuazione*.

È sia doveroso che utile fornire ulteriori spunti sull’apporto che ha dato la teoria psicoanalitica al rapporto tra padre e figlio, e quindi al valore della figura paterna in senso lato.

Freud, uomo del XIX secolo e appartenente alla cultura dell’Europa Centrale, diede un grande valore alla figura paterna, che considerò, nel contesto del conflitto edipico, centrale per l’assunzione del sistema morale del Super-Io.

Lacan è forse lo psicoanalista che più di altri ha ripercorso la lezione di Freud sulla figura paterna: il Padre è principio organizzatore, fonte di trasmissione di una morale intergenerazionale.

Nel corso della seconda metà del XX secolo, la ricerca psicoanalitica virò drasticamente l'epicentro della ricerca verso la relazione pre-edipica tra madre e bambino: in Inghilterra e negli Stati Uniti le tematiche relative ai modelli precoci di attaccamento e alle fasi iniziali di separazione-individuazione misero di fatto in ombra l'importanza del padre. I contemporanei movimenti politici di liberazione della donna diedero ulteriore corpo a questa tendenza del mondo psicoanalitico.

È solo nella seconda metà del XX secolo, che torna in auge l'esplorazione del significato della paternità, con la sua rilevanza come ingresso dell'*altro* nella diade madre-bambino. La madre viene illustrata come *figura di conforto*, il padre come *figura di stimolo* necessaria affinché il bambino esca dalla simbiosi. Il padre libera il figlio dalla simbiosi *orizzontale* con la madre, lanciandolo in aria *in verticale*: questo è *il gesto di Ettore* e del padre romano che riconosce in pubblico il figlio come proprio.

Il bambino può giocare la propria ricerca di autonomia tra il polo materno del ritorno rassicurante, e il polo paterno della ricerca esplorativa del mondo esterno. La presenza di ambedue i poli, permette al bambino l'interiorizzazione di mondi psichici distinti, alternativi e tra di loro complementari.

Il padre fornisce questo determinante contributo, già nei primi 18 mesi, quindi ben prima della fase edipica, e sono stati rinvenuti schemi di interazione del bambino con il padre ben differenziati con quelli con la madre; diversi studi dimostrano differenti reazioni alla voce del padre addirittura in fase pre e peri-natale. Sembra quindi che la rappresentazione psichica della figura paterna inizi ben prima di quanto si ritenesse fino a pochi decenni orsono.

Il padre è la figura che incoraggia l'*attività muscolare* del bambino, e di conseguenza una migliore gestione dell'impulso aggressivo e dell'esplorazione del mondo; si pone inoltre come un *limit-setter*, in quanto pone limiti all'onnipotenza del bambino, e tale funzione risulta essenziale per almeno due obiettivi evolutivi ineliminabili:

a. l'*uscita dalla simbiosi* con la madre,
b. la *modulazione degli impulsi aggressivi*, e quindi della propria interazione costruttiva con il mondo.

La mancanza della funzione paterna risulterà in fenomeni come uno scarso controllo della propria onnipotenza nei confronti dei limiti che impone la realtà, e anche una scarsa regolazione dell'aggressività, che verrà rivolta impulsivamente contro gli altri o contro se stesso.

Nel XXI secolo, fenomeni socioculturali come il femminismo, il controllo delle nascite, l'ingresso delle tecniche riproduttive, il movimento di liberazione gay, hanno fortemente scosso le preesistenti categorie per generi sessuali, per cui una profonda revisione dei ruoli di madre e padre è ancora in corso. La paternità è qualcosa di strettamente legato alla mascolinità? Ha quindi radici biologiche, culturali? Cosa c'è di realmente specifico nella presenza di un padre? Sono domande titaniche, e il tentativo di risposta non può ignorare lo stato da 'lavori in corso' nel quale l'umanità si trova.

Certamente la spinta a ricercare con maggiore tenacia e precisione quanto di specifico caratterizzi il ruolo del padre, ha finora portato a delle notazioni per lo meno sorprendenti per le convinzioni, anche scientifiche, recenti.

Abbiamo visto come si sia retrodatata la percezione dell'importanza del padre nel vissuto del bambino. Un altro elemento di sfida alle certezze precedenti è dato dalle ricerche sui padri *primary caregivers* (Pruett, 2000), ossia quei padri che fanno da genitore prevalente: alcuni dati parlano di bambini che risultano meno ansiosi e più curiosi dei coetanei.

La sostanza di queste ricerche, in quanto tali sempre da verificare e confrontare, consiste a mio parere nel sopraggiungere di un'analisi critica, già ampiamente sperimentata come produttiva nel mondo femminile e della omosessualità, anche nel mondo delle credenze sui maschi e sui padri, e, a tal proposito, la convinzione oggi messa in discussione, dai giovani padri per un moto anche spontaneo, è quella che presupponeva una *costituzionale incapacità nell'allevare bambini piccoli*. Un altro filone di ricerca che sta smontando questo pregiudizio, tale oramai lo possiamo definire, è quello che deriva dalla condizione legale dell'*affido notturno* del bambino al padre (Akhtar-Parens, 2004): in sintesi, sembra che non accada nulla di quanto temuto, dalla supposta 'goffaggine' dei padri, alla 'incontrollabile' ansia da separazione dalla madre.

Si comincia a fare strada l'idea che la preferenza del bambino per la madre in caso di stress, diminuisca con l'età per quasi scomparire verso il 20° mese; la separazione dalla madre non equivale necessariamente a una deprivazione traumatica, se è presente l'altro genitore con adeguate cure sostitutive, e questo vale anche nel caso delle separazioni notturne.

A supporto di ricerche svolte sul campo, abbiamo dei nuovi e interessanti sviluppi nelle *teorie sull'attaccamento*. Queste ultime, nate specificamente nello studio della relazione madre-bambino (Bowlby, Mahler, Stern, Ainsworth), stanno avendo una evoluzione imprevedibile fino a pochi anni fa.

Diversi autori (Blos, 1985; Lamb, 1987; Kelly, 1991 tra gli altri) stanno rivalutando la presenza psichica forte del padre nei primi modelli di attaccamento sicuro del bambino: la figura paterna ne risulta tutt'altro che estranea e ancora di meno dannosa. Gli studi di Abelin (1971) e di Ross (1982) hanno dimostrato quanto sia essenziale per lo sviluppo del figlio maschio la possibilità di una sana competizione con il padre, che deve approvare con orgoglio il figlio durante il suo svolgersi; una sua mancanza produce la necessità per il bambino e il ragazzo di rivolgersi altrove per esercitarla. Un danno a questo livello può esser dato:

a. da un padre assente,
b. da un padre ostilmente competitivo, che conduce al cosiddetto *complesso di Laio* (il padre 'cattivo' viene proiettato sulla moglie, che sarà punita con frequenti tradimenti).

La moderna teoria dell'attaccamento, in sostanza, sta evolvendo da un *monotropismo* (attaccamento a una sola figura di riferimento, la madre) a un *politropismo*: l'attaccamento a tutti e due i genitori come distinti, è rinvenibile già a partire dal 6°-8° mese, e può anche svilupparsi come attaccamento *insicuro* con un genitore e *sicuro con* l'altro.

L'altro assioma psicoanalitico che oggi viene messo in discussione è quello del *determinismo* dei modelli di attaccamento precoci, ossia la teoria che prevedeva che da essi dovessero inevitabilmente desumersi i successivi stili relazionali dell'adulto. Nella revisione attualmente in corso, vengono considerate tappe altrettanto importanti della prima infanzia:

a. l'infanzia nell'intero suo percorso,
b. l'adolescenza,
c. eventuali stress emozionali nella vita adulta.

In altre parole, la presenza di *attaccamenti multipli* durante la prima infanzia migliora la costruzione della *sicurezza di base*, e sarà il bambino a stabilire una sua *gerarchia*, attribuendo:

a. alla madre le cure fisiche,
b. al padre il gioco, soprattutto di tipo fisico,
c. ai fratelli il gioco molesto e provocatorio.

In molti sono concordi nel ritenere che aumenti la probabilità che il bambino esprima il proprio potenziale in presenza di relazioni significative con ambedue i genitori.

Si parla senza remore di una *fame di padre* (Herzog, 2001), che, se non soddisfatta, può condurre a problemi nello sviluppo dell'autocontrollo e dell'autostima, delle competenze sia cognitive che emozionali, nelle abilità sociali e nell'identità di genere. Da questo punto di vista, l'*importanza del padre* si può rinvenire in tutte le diverse fasi dello sviluppo infantile.

Consideriamo in modo sintetico gli elementi essenziali della significatività paterna per ciascuna tappa evolutiva.

1. Prima infanzia: da 0 a 3 anni. Il rapporto tra padre e figlio inizia ben prima della nascita, attraverso idee, desideri e fantasie. Il *desiderio di un* figlio è anche quello di rivivere la propria infanzia: questo può condurre a una ulteriore maturazione rispetto ai propri conflitti infantili, oppure, al contrario, a proiettare le proprie illusioni e le proprie voglie di riscatto. Il padre svolge una funzione essenziale nello sviluppo di un *attaccamento sicuro*, basato su risposte certe alle richieste di protezione del bambino; per il neonato sembra avere un ruolo primario nel realizzare con la sua presenza fisica una prima dimensione di *diversità*. La *sicurezza* data dalla presenza della madre, unita alla *disponibilità* di una seconda persona, il padre, forniscono al bambino la base sicura per arrivare alla meta del *distacco e individuazione*, e all'inizio di una *identità sessuale*. La presenza precoce del padre può mitigare il dolore del bambino per la scoperta della propria diversità fisica dalla madre, e quindi per il proprio distacco dalla simbiosi. Il padre assume, in sostanza, una funzione di sostegno fisico ed emotivo per la coppia madre-bambino, ed è un momento difficile ma di crescita, in quanto pone l'uomo di fronte a una limitazione al proprio narcisismo. Il rischio, per il bambino, nel caso di un'assenza paterna, è quello di vivere la esclusività della diade madre-bambino come un abbandono, e quindi di difendersi cercando compensazioni affettive all'esterno.

Fin dai primi mesi è comunque evidente come il padre, a differenza di quanto si pensava sino a pochi anni orsono, non sia una semplice estensione della madre, ma un vero *terzo contatto* per il bambino da un punto di vista sensoriale. La madre tenderà a comunicare attraverso il corpo, il padre anche attraverso gli oggetti, iniziando il bambino all'esplorazione della realtà esterna. Questa divisione funzionale accompagnerà lo sviluppo del bambino: la madre si occuperà del *microcosmo* domestico del bambino, dalla cura delle malattie all'alimentazione, il padre del *macrocosmo*, ossia dell'esplorazione del mondo esterno alla famiglia. Oggi è vero che i genitori si scambiano queste funzioni con più naturalezza che in passato, ma questo è un punto trattato nel merito in vari altri momenti del libro.

2. Seconda infanzia: dai 3 ai 6 anni. Il padre aiuta a completare il distacco dalla madre. Il bambino, a sua volta, inizia una fase di *rivalità* con il padre che porta all'elaborazione del *complesso edipico*. Fondamentale è l'esperienza del gioco con il padre: il bambino istintivamente riconosce la differenza di funzione tra i due genitori, e chiederà al padre di giocare, leggergli una storia, spiegargli come funzionano le cose. Compare nel bambino l'esigenza, in parte biologica e in parte culturalmente indotta, di fare *giochi violenti*, come necessità di scaricare l'aggressività, e in questo senso la presenza del padre può avere un'importante ruolo nell'imparare a modularla: quindi i giochi violenti, anche quelli *di guerra* o i cosiddetti *giochi fallici* (con pistole, fucili ecc.) non andrebbero inibiti ma partecipati attivamente dal padre. Anche l'entusiasmo attuale per lo sport del *wrestling* non andrebbe demonizzato secondo lo stesso principio precedente, e inoltre è ampiamente dimostrato come i bambini si rendano da soli conto della teatralità della scena. Il gioco bambino-padre si caratterizza per una specifica rudezza e vivacità, che stimolano in particolare l'area limbica del cervello, sviluppando una modulazione degli affetti infantili attraverso l'oscillazione tra le polarità stimolazione/placamento, espansione/limite, vicinanza/lontananza. Quest'attività favorisce inoltre:

a. l'accettazione dell'ambivalenza relazionale tra attaccamento e distacco,
b. la capacità di porsi e porre dei limiti e dei confini con gli altri,
c. la possibilità di identificarsi pienamente con un 'terzo' rispetto alla madre,

d. lo sviluppo di una identità sessuale,
e. l'elaborazione della rabbia edipica come 'terzo escluso': il bambino può accettare di non potere prendere il posto del padre, interiorizzando il *divieto d'incesto* e sublimando il desiderio edipico per la madre in attività creative. In questo senso dovrebbe essere soprattutto il padre a seguire con attenzione il *gioco del lettone*, quando il bambino fa di tutto per dormire con mamma e papà: può diventare, dal punto di vista del conflitto edipico, un'occasione di collusione tra la tendenza regressiva del bambino a rimanere nel gioco edipico, con la resistenza dei genitori a favorire una separazione del bambino,
f. un inizio dell'attività della *coscienza*.

Anche i *videogame* andrebbero visti come occasioni di gioco e apprendimento, purché seguiti dal genitore, che dovrebbe preoccuparsi solo in occasione di una dipendenza coattiva, altrimenti i videogiochi possono assumere una funzione educativa oggi equivalente a quella delle *fiabe*. Quella del 'raccontare storie' è sempre stata attività prevalente degli padri: sono loro a leggere le storie ai figli, come modo di trasmettere quello che il padre ha ritenuto importante per sé per crescere. Le fiabe aiutano il bambino ad affrontare meglio la fatica del crescere, contenendo le proprie ansie ed elaborandole attraverso l'identificazione con i personaggi della fantasia, in altre parole aiutandolo a elaborare contenuti inconsci difficili. Molte fiabe aiutano ad affrontare specifici nuclei psicologici: il passaggio dal principio del piacere al principio di realtà ("I tre porcellini"), l'ansia di separazione ("Pollicino" e "Hansel e Gretel"), la seduzione ("Cappuccetto Rosso") e il conflitto edipico ("Biancaneve"), il superamento del conflitto edipico ("La Bella e la Bestia"), l'individuazione ("Il brutto anatroccolo"), l'autorealizzazione ("Cenerentola").

In questa fase sono già riconoscibili e distinguibili un *padre simbolico*, che viene accettato e introdotto al figlio dalla madre, un *padre reale*, che assume quel posto riconosciuto dalla madre, e un *padre immaginario*, creato dal figlio e che produce l'*imago paterna*. Quest'ultima consisterà, alla fine del processo evolutivo, di una sintesi tra le interazioni reali con il padre, le attribuzioni di ruolo che sono state poste sul padre dalla madre e dall'ambiente, dalle fantasie attraverso le quali il tutto viene elaborato.

3. Periodo di latenza: dai 6 ai 13 anni. Il figlio assume il padre come *modello*, per cui un padre presente e interessato consentirà al figlio di conseguire competenze sia emotive che relazionali rispetto al mondo. Il padre diventa un *maestro*: lui ha le risposte a domande metafisiche come 'da dove veniamo?'.

4. Pubertà e adolescenza: dai 13 ai 20 anni. Nella crisi d'identità il padre è particolarmente necessario al figlio, rispetto alla madre. Il figlio realizza una propria identità maschile (mentre la figlia interiorizzerà un'immagine maschile positiva). Nell'adolescenza si combattono violentemente due impulsi:

a. un forte desiderio di indipendenza e di emancipazione dai genitori,
b. una grande nostalgia per l'infanzia e la passata idealizzazione dei genitori.

Il padre carica più facilmente il proprio narcisismo sul figlio maschio che diventa simbolicamente il *fallo* attraverso cui ottenere successo, rischiando peraltro di caricarlo eccessivamente: può essere, in tal caso, introiettato come un *persecutore interno* eccessivamente esigente, che il ragazzo cercherà di proiettare all'esterno sui genitori e la società ai quali si ribellerà, anche violentemente. Il padre durante l'adolescenza del figlio, dovrà essere in grado di tollerare l'attacco all'autorità propria di quell'età, contenendo il ritorno di propri sentimenti di rivalità. Essendo scomparsi quei *riti di passaggio* (di iniziazione), come la leva militare o la prima sigaretta o la sbronza, che permettevano il difficile transito adolescenziale, l'adolescente tende a crearsene di propri, spesso attraverso il gruppo di pari. Nel violento scontro *dipendenza/indipendenza*, l'adolescente scarica sul padre, principalmente, il proprio bisogno di dipendenza, vivendo il genitore come controllante e ribellandosi a lui, anche con delle *sfide*, alle quali il padre deve innanzitutto rispondere e non ignorarle, fornendo orientamento e rassicurazione: questo tramite una sorta di *patteggiamento* tra le richieste del ragazzo e ciò che viene ritenuto giusto.

Per il figlio l'obiettivo evolutivo di questa fase è quello di arrivare a una *deidealizzazione del padre* (una sorta di omicidio simbolico), attraverso una messa in discussione degli aspetti idealizzati del padre che vengono confrontati con il padre reale, e la ricerca di altre figure-guida antitetiche al padre, figure reali (guru, adulti più maturi) o immaginarie (personaggi pubblici). La madre può contribuire molto in questa fase, aiutando il figlio a riconsiderare gli aspetti 'buoni' del padre.

La mancanza del *codice paterno*, priverà il figlio del proprio *diritto alla ribellione*, conducendolo più facilmente verso comportamenti a rischio. Alcuni figli chiedono spontaneamente, riferendosi al padre: "Perché non mi sgrida?", e questo viene ben rappresentato in film come *La luna* di Bertolucci, e *Gente comune* di Redford. Nel primo, il protagonista, un adolescente dedito alle droghe, vive con la madre in un rapporto ambiguo, che presto si rivela palesemente incestuoso, mentre il padre è materialmente assente; la situazione sembra completamente irrecuperabile, finché, nella scena finale, ricompare il padre, e il tutto si conclude con un sonoro ceffone dato al figlio da quest'ultimo, a sancire il suo riprendersi le responsabilità che aveva eluso. Nel secondo, la storia si svolge in una tipica famiglia della classe media americana, la quale deve assorbire la morte in un tragico incidente del primo figlio, quello adorato e ammirato dalla madre; il secondo figlio, protagonista del film, ha una grave crisi depressiva, che esita in un ricovero e successivamente in un trattamento psicoterapeutico. Il dramma rimette in discussione tutti i precedenti assetti familiari; è un'occasione perché il ragazzo si riavvicini al padre, figura piuttosto succube della moglie dominante, e nella scena finale, dopo che la madre se ne va di casa, non riuscendo a sopportare la sua perdita di centralità nelle dinamiche familiari, il figlio rimprovera il padre, che si chiede dopo possa avere sbagliato visto che 'si era sempre comportato da amico', proprio di questo, di non 'averlo mai sgridato, né fatto lavate di capo'.

5. Età adulta. Il rammarico del figlio per la perduta infanzia può essere mitigato dalla *benedizione* del padre per la sua raggiunta virilità.

Il risultato finale di un buon sviluppo del rapporto padre-figlio è quello di una riuscita *immagine introiettata del padre*, sintesi di:

a. una positiva esperienza reale,
b. una funzione positiva attribuita al padre dalla madre,
c. una gratificata fantasia del figlio sul padre.

Una qualunque *imago paterna*, realisticamente, non potrà comunque non contenere limiti e pregiudizi non elaborati, per cui, affinché questi ultimi non si trasmettano acriticamente, sarà essenziale che il padre diventi consapevole della propria vecchia immagine paterna, proponendo al figlio modelli trasformati dalla consapevolezza di sé.

Riassumendo, i *principali compiti paterni* sono legati a:

a. una collaborazione protettiva con la madre,
b. un sostegno con il bambino nel dis-identificarsi con la madre,
c. la gestione del triangolo edipico rimanendo un partner solido della madre,
d. il favorire l'identificazione del ragazzo per la sua identità di genere.

A partire dalla chiarezza di questi compiti, siamo oggi in grado di avere un'idea sufficientemente fondata su quali siano i *comportamenti paterni specifici* (rispetto a quelli *materni*), e li elenchiamo per comodità espositiva e di lettura:

1. azioni attivanti, anche in epoca pre-verbale,
2. giochi, fisici e chiassosi,
3. cicli di eccitazione/interruzione durante l'attività di gioco,
4. incoraggiamento dei comportamenti di ricerca e di sfida del rischio,
5. sostegno della frustrazione durante il problem-solving,
6. costruzione del linguaggio di genere,
7. supporto nell'autonomia e nell'indipendenza.

Dai suddetti stili comportamentali, si avranno *benefici specifici per il bambino*:

1. una meno sofferta uscita dalla simbiosi con la madre,
2. un'aggressività meglio modulata,
3. una barriera verso i comportamenti incestuosi,
4. una migliore accettazione dei confini generazionali, e quindi un 'ingresso temporale' nel mondo degli uomini,
5. un calo nella delinquenza giovanile,
6. un minor sviluppo dei sessualità precoce,
7. migliori competenze verbali e rendimento scolastico,
8. un migliore sviluppo delle responsabilità morali,
9. una migliore competenza sociale,
10. minori problemi lavorativi e affettivi (gravidanze indesiderate, divorzi) in età adulta,
11. una migliore empatia.

Ne risulteranno, d'altro canto, anche molti *benefici per i padri coinvolti*:

1. una migliore salute psico-fisica,
2. una maggiore durata di vita,
3. un'aumentata apertura e disponibilità empatica verso gli altri.

Quest'ultimo punto assume una particolare rilevanza storica e culturale. La società di oggi consente un maggiore contatto con il nostro *Sé bisessuale*, inteso come quella competenza a rimanere in contatto con aspetti maschili e femminili del nostro mondo interno, che, per l'uomo, significa una maggiore apertura verso sentimenti in passato proibiti dal *codice virile* (Novellino, 2003), quali la tristezza e la paura. I padri godono più pienamente il rapporto intimo con i figli, e questi ultimi svilupperanno un'identità maschile più flessibile e libera delle generazioni precedenti.

Il *padre genitore primario* viene visto come una figura potenzialmente positiva, grazie soprattutto agli studi del già citato Pruett, e i figli da esso allevati non risultano particolarmente svantaggiati.

Una mancata introiezione di una figura paterna positiva può condurre a esiti molto problematici:

1. il persistere di un legame troppo stretto con la figura materna, fino all'indebolimento del tabù dell'incesto (da questo punto di vista è illuminante il già citato film di Bertolucci),
2. un difficile sviluppo dell'identità sessuale,
3. una difficoltà a padroneggiare le emozioni, in particolare quelle aggressive,
4. una nuova idealizzazione del padre, tesa a proteggerne la fragilità, con conseguente rivolgimento dell'aggressività verso sé o verso terzi.

4. La crisi del padre normativo

Il padre deve oggi *negoziare* con la madre e i propri figli, i quali diventano *soggetto* e titolari di diritti. Tutto ciò non può non avere influenzato la percezione dell'identità paterna.

Alcune pesanti critiche che vengono oggi ricolte ai padri, non tengono sufficientemente conto delle oggettive difficoltà che essi hanno ad adeguarsi alle accelerazioni che la società civile e giuridica loro richiede.

Il crollo del *padre autoritario* nasce con la rivolta dei movimenti studenteschi del mitico '68, demolitori di qualunque autoritarismo e asimmetria nei rapporti.

Purtroppo, nel vuoto di modelli che ne è risultato, oggi i padri cercano punti di riferimento sia nel comportamento delle proprie compagne, che nell'accoglimento dei bisogni dei figli.

Si è passati dal *padre normativo* al *padre affettivo*: il primo interpretava i valori della cultura per introdurre il figlio nel mondo sociale, il secondo interpreta i bisogni del figlio per introdurlo al una comprensione di sé. Da tutto questo deriva una *maternalizzazione* del mondo familiare.

Film centrati sulla lotta dei padri per la custodia dei figli, come il famoso *Kramer contro Kramer* del 1980, e come *Mrs Doubtfire* del 1994, mostrano come possa emergere da questa battaglia un viraggio verso un modello materno, spesso rinforzato da un confronto comunque perdente anche se inevitabile con le madri laddove il padre voglia mostrare le proprie capacità di accudire.

Anche se possiamo tutti concordare che sia in assoluto un bene la scomparsa del *padre tiranno,* deputato per statuto alle punizioni, sta diventando tipico dei *nuovi padri*, come vedremo ampiamente nell'apposito capitolo, assolvere anche con apparente naturalezza tante delle funzioni del 'maternage', ma non quelle più proprie della funzione paterna. Non possiamo neanche considerare un punto d'approdo una società nella quale, ragionando per grandi fenomeni, tutti fanno la madre e nessuno fa il padre, in una sorta di inconsapevole regressione collettiva.

Spesso la madre si lamenta di dovere essere sia 'madre', quindi affettiva, che 'padre', quindi normativa: in altre parole come si ritrovasse ad avere due figli.

La carenza di funzione normativa diventa critica allorché il figlio arriva all'adolescenza: i comportamenti ribelli e sfidanti tipici di quell'età non trovano risposte adeguate e possono esitare in comportamenti palesemente trasgressivi. Manca quindi la figura antica ma potente del *padre verticale*, il padre che 'stando in alto' si pone come figura di riferimento da sfidare ma anche da raggiungere; il giovane deve trovare da solo il proprio percorso per entrare nel mondo sociale degli adulti accompagnato dalla sola affettività di ambedue i genitori. Indebolendosi la funzione paterna del dovere, dell'impegno e del rischio, la società può essere vissuta illusoriamente come una *grande madre*, che diventerà 'cattiva' quando si rileverà indisponibile a nutrire maternamente; molti atti di *violenza giovanile* rivelano una incapacità di prevedere le conseguenze e i rischi delle proprie azioni e una successiva mancanza di *sensi di colpa*. Questi ultimi, demonizzati negli anni Sessanta come reazione a un eccesso di normatività, segnalano anche la capacità di assumersi la responsabilità delle proprie scelte.

Una novità davvero compiuta dovrà consistere non nella scomparsa dei valori normativi, bensì nella loro integrazione con quelli affettivi.

Nel'inconscio, dei maschi in particolare, permane l'archetipo di un padre forte, che, laddove non venga ritrovato tra le mura domestiche, verrà ricercato nei miti sociali incarnati illusoriamente dai personaggi pubblici o dello spettacolo.

Rimane compito precipuo del padre quello di dare al figlio una *nascita sociale*, facendogli da guida, da ponte tra la famiglia e l'esterno; la tendenza, direi una 'moda' attuale è quella che il padre faccia da amico, fratello, o nella migliore delle ipotesi da doppione della madre.

Di certo la *paternità* è innanzitutto una *realtà relazionale*: padre si diventa grazie a una costruzione culturale, sia per l'investimento dato dalla madre che per le aspettative fornite dal gruppo sociale. In tal senso l'icona occidentale del padre è San Giuseppe: la sua paternità è nel fornire cura e protezione a un figlio non generato biologicamente.

È soprattutto il padre a dover incoraggiare il bambino ad affrontare le difficoltà della vita: in un certo senso 'se lo carica sulle spalle' impedendogli di tornare difensivamente nell'utero materno, rassicurante ma regressivo. Il padre aiuta il figlio a passare dal *principio materno del piacere* al *principio paterno della realtà*: dal soddisfacimento onnipotente dei bisogni all'accettazione dei limiti frustranti della realtà. Sono i 'no!' del padre a favorire questo processo, purché siano dei 'no!' motivati, espressi in modo chiaro, e sempre accompagnati da una vicinanza affettuosa ed empatica del genitore. Solo con questo tipo di sostegno, il bambino riuscirà a superare il proprio narcisismo onnipotente, e raggiungere quella vera sicurezza in sé datagli dalla comprensione e dall'accettazione dei limiti propri e altrui.

La società attuale non favorisce, anzi spesso limita, con un narcisismo sociale diffuso, questa operazione evolutiva, e la conseguenza più preoccupante è data da una forte *dipendenza* giovanile, sia di tipo relazionale che chimico (alcol, droghe).

D'altra parte, dire di 'no!' è faticoso, richiede un costante affrontare la rabbia e la frustrazione del bambino e accettare se stessi come oggetto di quel risentimento; si deve entrare in empatia con il bambino frustrato, riconoscendo come quella parte psicologica sia presente ancora in noi stessi. Il 'no!' non deve risultare freddo e neutrale, ma, pur essendo fermo, deve mantener un tono affettuoso e comprensivo: la vera frustrazione del bambino deriva più che dal divieto, dall'indifferenza di chi lo pone. Spesso condotte del figlio di tipo provocatorio, ad esempio palesemente pericolose, mirano a suscitare una reazione emotiva nel genitore.

Il padre, nel porre dei limiti, deve risultare:

a. *coerente*, sia nel mantenere la propria condotta che nel mantenere le stesse aspettative verso il figlio,
b. *elastico*: il limite deve essere utilizzato come un'esperienza di apprendimento.

Ponendo dei *limiti*, che di fatto precedono quelli dati dalla stessa realtà esterna, il padre insegna delle *regole*, e quindi l'interiorizzazione di un sistema auto protettivo: quello a cui farà ricorso l'individuo diventato adulto. Indebolendosi o mancando del tutto le regole fornite dal padre, il figlio accetterà con fatica i limiti del mondo in cui vive. La società attuale, spesso crede illusoriamente di potere fare a meno di tutte le regole di un tempo, non avendone ancora trovato di nuove convincenti, e nel far questo propone un falso *mito di libertà*, dove l'individuo avrebbe il diritto di ambire a tutto ciò che fa piacere e di rifiutare tutto ciò che lo possa impedire. È una cultura ampiamente diffusa, nella quale non si vuole né invecchiare né morire, si evitano tutti i dolori e le frustrazioni, si rifiuta qualunque difetto fisico.

La vera libertà non può prescindere dal riconoscimento dei limiti, non può che derivare da una maturazione psichica dal narcisismo infantile alla pienezza adulta.

Incontreremo più avanti il cosiddetto *paradosso del padre*, ossia una ambivalenza oggi presente nei comportamenti maschili, laddove gli uomini, in particolare quando si trovano a essere padri, oscillano confusamente tra due polarità:

a. quella di essere dolci e amorevoli in famiglia,
b. quella di essere aggressivi nel contesto sociale.

In questo confronto-scontro tra affettività e competitività nascono molte delle attuali contraddizioni della crisi d'identità del maschio.

Il cosiddetto *padre materno*, colloquialmente detto *mammo*, o anche *padre castoro*, è fondamentalmente un uomo che si *identifica con una figura di madre idealizzata e con il proprio bambino*, al quale vuole inconsciamente fare vivere quella figura idealmente nutritiva. All'inizio quindi risulta molto affettivo e protettivo, ma successivamente risulta troppo debole nel proteggere il bambino nel confronto con la realtà (dove non esistono madri ideali...); questa mancanza di protezione nell'impatto con la realtà è da molti considerata una causa del successivo risentimento degli adolescenti maschi contro la famiglia e la società.

Su un altro versante, il recupero, oggi maggiormente consentito e desiderato dagli uomini, degli aspetti della paternità legati all'affettività e alle emozioni, conduce a una maggiore attenzione alla partecipazione viscerale del padre allo sviluppo del bambino, a cominciare dalla attesa durante la gravidanza.

6. Il presente

Secondo alcuni l'*assenza del padre* è 'una cantilena' stereotipata ed eccessiva, origine di una *nostalgia* anacronistica; secondo altri sarebbe all'origine di molti comportamenti devianti e violenti dei giovani di oggi, arrivando ad accusare dell'assenza della normatività paterna, ad esempio, la maggior parte degli abusi sessuali subiti dai bambini. Probabilmente hanno ragione tutte e due le due correnti di opinione: in sostanza il fenomeno compare, ma non va neanche usato per distrarre da altre cause o concause, ad esempio sociali più vaste. Bisogno di comprendere sì, disfattismo no.

Molto dibattuto è il ruolo che dovrebbe avere il padre oggi tra i vari 'esperti' dell'infanzia: secondo alcuni dovrebbe comunque mantenere una funzione specifica e differenziata da quella della madre, in particolare per le funzioni di socializzazione compreso il linguaggio; secondo altri, si dovrebbe concepire una *triade* madre/padre/bambino funzionante fin dai primi mesi, dato che è oramai dimostrato come il bambino interagisca fin dal terzo mese con entrambi i genitori: tuttavia il mito della *intercambiabilità* tra i due genitori rischia di creare grossi equivoci dal punto di vista della crescita del bambino.

La mancanza del padre limita la capacità del bambino di imparare a gestire la propria aggressività, e anche il confronto con l'autorità. L'impossibilità di proiettare la propria aggressività verso un padre presente conduce a una auto aggressività o alla devianza antiautoritaria.

Va tenuto bene presente come la figura del padre, certamente essenziale nello sviluppo sia del figlio che della figlia, è tuttavia di diverso impatto nella differenziazione evolutiva dei due sessi:

a. la *bambina*, anche successivamente alla fase edipica, continua il suo processo di identificazione con la figura materna; mantiene quindi spontaneamente quelle capacità empatiche e relazionali tipiche sviluppate all'interno della simbiosi primaria con la madre;
b. il *bambino*, passa da una identificazione primaria con la madre a una identificazione secondaria con il padre, per cui deve giungere a una separazione con il modello di identificazione materno.

Oggi i padri sembrano rappresentarsi come figure genitoriali, soprattutto nelle prime fasi dello sviluppo del figlio, in un confronto con la figura materna: a livello conscio la propria moglie, a livello inconscio la propria madre. Quindi la mancanza di un modello maschile di riferimento rende ancora difficile la tanto decantata rivoluzione maschile sul 'come essere padri'.

La Sellenet (2006), parlando dei ricordo che ha del proprio padre, lo descrive come 'un uomo dai piedi pesanti', ricordando una fotografia della sua infanzia nella quale compariva il padre con la sua tuta da palombaro; questa sua immagine fissava il padre che lei ricordava in termini di ruolo: forte, affidabile, ma anche pesante, rigido, in sostanza *un padre d'altri tempi*.

Certamente è finito il *regno del padre*, da quando gli uomini hanno dovuto ridividere con le donne (e le madri dei loro figli) vari livelli del potere che detenevano nei tempi passati, da quello economico a quello giuridico. Il padre era contraddistinto da una definizione unitaria che racchiudeva funzioni socialmente ritenute 'eterne', da quella di datore del cognome, a quella di educatore. Rispetto alla moglie, l'uomo aveva il potere di decidere su aree ben definite e incontrovertibili:

1. il rispetto del *dovere coniugale*,
2. il ripudio della donna sterile,
3. il rifiuto dell'aborto e di rapporti sterili.

La stessa Sellenet descrive come, nel dopoguerra fini al '68, si sia svolto socialmente una sorta di *processo al padre*. Questo processo è iniziato con l'emergere della figura del *cattivo padre*, in sostanza quell'uomo che, tornato sconfitto e depresso dalla guerra, rientra in casa da alcolista violento; perde definitivamente la sua autorevolezza di fronte a mogli e figli che sono sopravvissuti alla sua assenza, e che non gli restituiscono un'autorità che palesemente non merita più.

Vengono quindi attribuiti nel corso di pochi decenni, al *vecchio padre* ben sette *peccati capitali*, che l'autrice così elenca:

1. l'*intemperanza*, collegata al fenomeno dell'alcolismo dilagante,
2. l'*assenza*, non più giustificata dalla partecipazione a qualche guerra,
3. la cosiddetta *scissione inoperante*, che consiste nella rinuncia a essere un *padre edipico*, ossia un padre che opera la sua funzione di regolatore della simbiosi madre-figlio,
4. la *tirannia*, nella figura del padre-padrone,
5. l'*inutilità sociale*, conseguenza della disoccupazione,
6. la *svirilizzazione*, in quanto il padre che si allontana dallo stereotipo della divisione classica dei ruoli viene vissuto come femminilizzato,
7. l'*infantilismo*.

Sono nate nel frattempo nuove forme di *paternità biologica* a complicare ulteriormente la situazione psicologica del maschio in crisi:

a. la paternità *criospermatica*, tramite sperma congelato, con il limite di un possibile concepimento successivo al decesso del donatore,
b. la paternità *ortospermatica*, tramite inseminazione con sperma del coniuge (IAC) o di un donatore terzo (IAD).

Compaiono altresì altre forme di *paternità sociale*:

a. *poliandrica*: diversi padri si succedono nell'educazione del bambino,
b. *monogenitoriale*: un padre, divorziato o vedovo, che cresce il figlio da solo,
c. *omosessuale*, fenomeno già diffuso in diversi paesi,

d. *patrigno*: termine antico, per indicare oggi un uomo che assume la funzione del padre nelle attuali famiglie ricomposte. Le cosiddette *famiglie ricomposte*, nonostante le difficoltà a fare convivere legami biologici con le nuove forme di plurigenitorialità, stanno progressivamente acquistando una loro fisionomia, anche se con delle differenze in base alla classe socioeconomica di appartenenza: in quelle più popolari, il patrigno finisce per sostituire il padre naturale, mentre in quelle più borghesi la coppia genitoriale sopravvive al divorzio, con il patrigno che deve collocarsi tra una dimensione genitoriale e una amichevole.

Il calo di potere maschile è corrisposto a un geometrico aumento di quello femminile. Ora la donna ha invece il potere di scegliere avendo acquisito:

1. la possibilità di decidere sull'aborto, anche contro la volontà del padre,
2. la disponibilità di tecniche di inseminazione che le permettono di emanciparsi dai limiti biologici.

Le donne hanno acquistato il *controllo della maternità* e un potere reddituale impensabile pochi decenni orsono: svanisce il *capofamiglia*, tra gli anni '70 '80 la maggior parte dei paesi occidentali ha sancito l'*uguaglianza tra padre e madre* agli occhi della società e dei figli. L'articolo 316 del Codice Civile ha introdotto la *potestà congiunta*; l'articolo 147 sancisce il diritto/dovere per entrambi i genitori di mantenere ed educare la prole; la Legge 176 ratifica la Convenzione Sui Diritti Del Fanciullo approvata dall'ONU nel 1959 e rivista nel 1989: garantisce al fanciullo il diritto di esprimere liberamente la propria opinione.

7. La reazione

Oggi, l'immagine spesso negativa e debole dell'uomo, elaborata secondo molti autori come risposta al femminismo, ha condotto diversi rappresentanti dei 'movimenti maschili' a caldeggiare un recupero dell'*uomo selvatico* che si è nascosto dentro di noi uomini (Bly, 2000).

Un importante studioso della psicologia maschile e tra i primi fautori del recupero del ruolo paterno, Lamb (1987), propone un modello interpretativo del *coinvolgimento paterno*, descrivendone tre livelli:

1. quello dell'*interazione*, legata soprattutto alla dimensione del gioco,
2. quello del fornire *accessibilità*, sia fisica che psicologica,
3. quello del dare la propria *responsabilità* nell'organizzazione dei tempi.

Secondo questo autore, la funzione del padre si estrinseca dapprima con la funzione ludica, successivamente con la guida al comportamento sociale.

Un fattore che fortemente frena lo sviluppo di questi tre fattori in modo adeguato alle necessità psicologiche del piccolo, è dato dalla grande importanza che ancora riveste per il padre sul piano psicologico e sociale l'affermazione lavorativa. Inoltre, risulta determinante per lo stabilirsi di un ruolo attivo da parte del padre, la percezione positiva da parte della madre del coinvolgimento paterno; così come importante è arrivare alla consapevolezza del *sistema di credenze* che hanno, inconsciamente, interiorizzato sia il padre che la madre sul 'fare' dei padri con i propri figli.

Ricordando come sia ancora in corso d'opera la ridefinizione del ruolo paterno, citiamo lo studio della Procentese (2005), dal quale emerge chiaramente come ben presto, nonostante diverse dichiarazioni di intenti iniziali, padri e madri si riposizionino su modelli tradizionali di divisione dei compiti: la madre assumendo come un 'dato di fatto 'che debba essere lei a occuparsi della cura dei figli (anche quando lavora), i padri impegnandosi di più nel lavoro e nel assumere la responsabilità verso il futuro sociale del figlio. Vengono così ristabiliti proprio quei due ruoli classici, dai quali ambedue i genitori aspiravano a svincolarsi per la loro esclusività: la madre dalla funzione di cura, il padre dalla funzione d'inserimento sociale.

L'*asimmetria* che 'spontaneamente' si instaura, spesso inizia fin dalla nascita. Tutte le statistiche europee indicano come la partecipazione dei padri nella gestione familiare sia ancora bassa in funzione del tempo.

Da un punto di vista sociale, va comunque segnalata un attenzione molto alta al bisogno emergente, sia negli uomini che nelle donne, di una rielaborazione dei ruoli genitoriali su un base paritaria.

La grande attenzione legislativa alla paternità nei paesi occidentali, fornisce supporto sociale alla ricerca di una nuova identità dai nuovi padri; viene riconosciuto come il fenomeno crescente delle separazioni di coppia abbia aumentato le difficoltà a fare i genitori, in particolare per i padri.

La politica del *congedo parentale* porta un elemento politico concreto e significativo alla ridefinizione dei ruoli genitoriali, i quali diventano oggetto di negoziazione in termini di *interscambiabilità* e di *corresponsabilità*.

Fino a pochi anni orsono l'affidamento dei figli risentiva di un *approccio matricentrico*, legato alla cultura della inadeguatezza 'naturale' dei padri a prendersi cura dei bambini piccoli.

Il riconoscimento sociale della necessità di tutelare ambedue i ruoli genitoriali è conquista relativamente recente.

La Legge n. 1204/71 prevedeva per la lavoratrici dipendenti un periodo prima di congedo obbligatorio nei cinque mesi a cavallo del parto, e poi di congedo facoltativo.

La Legge n. 903/77 estende al padre il diritto di usufruire di un periodo di congedo in caso di rinuncia da parte della madre. Per la prima volta lo Stato garantisce anche ai padre il diritto e il dovere di svolgere funzioni di cura diretta dei figli: si cerca di favorire il passaggio da una *famiglia autoritaria* a una *famiglia degli affetti*.

La Legge 53/2000 rende ancora più flessibile il riequilibrio delle responsabilità tra i due genitori, attraverso una distribuzione più flessibile del congedo obbligatorio.

La Legge del 24.01.06 sull'*affidamento condiviso* è stato molto spinto dalle varie associazioni di padri separati, che assume a volte più il senso della rivendicazione di un diritto che di un dovere: quindi la ricerca di una strada per diventare socialmente 'un buon genitore'.

Sul piano del risultato effettivo, certamente è assodato come gli uomini abbiano imparato a prestare maggiore attenzione alla cura dei figli, d'altra parte un po' tutte le ricerche mostrano come questa condivisione dei diritti/doveri tra padre e madre rimanga prevalentemente un'aspirazione simbolica più che una realtà acquisita.

Come risultato, si assiste a una frequente delega all'istituzione scolastica della trasmissione dei limiti e delle norme, le quali tuttavia vengono davvero apprese solo all'interno di un contesto relazionale affettivo, dato dall'*esempio* e dalla *presenza*.

8. Il senso della paternità

Conviene a questo punto fare un commento su quale siano le principali *spinte alla paternità*, le quali sono così riassumibili:

1. il desiderio di accontentare la propria compagna e/o la paura di perderla,
2. il dimostrare a sé e al mondo la propria virilità,
3. un desiderio inconscio di identificarsi con il bimbo,
4. il pensare a sé in modo nuovo, non più da *figlio*, ma da essere adulto che compie una funzione sociale e storica di identificazione con il proprio padre e la propria identità di genere.

Gli uomini sono più portati a riconoscere i propri stati d'animo fin dall'attesa della nascita. Diventa più comune, ad esempio nell'esperienza dell'analisi, che emergano diverse componenti affettive inconsce nel 'padre in attesa':

1. una *gelosia* verso il nascituro,
2. un'*invidia per* la capacità generativa della madre,
3. un riemergere di conflitti infantili verso le proprie figure genitoriali,
4. una proiezione di propri aspetti infantili sul nascituro, che viene immaginato come un compagno di giochi.

La tensione dell'attesa della nascita provoca, in misura forse maggiore che in passato, quella particolare condizione chiamata la *sindrome della 'couvade'*: il padre sperimenta tutta una serie di disturbi su base ansiosa e psicosomatica, come coliche, astenia, dolori vari... come se fosse lui a portare il bambino; i sintomi aumentano all'avvicinarsi del parto, e scompaiono subito dopo.

Altri padri in attesa gestiscono la loro ansia in modo diametralmente opposto: diventano aggressivi, tendono a fuggire in vari modi, a cominciare dalle relazioni extraconiugali, e in alcuni casi a regredire come bambini.

Ripeteremo in più parti i dati che derivano sugli effetti della mancanza del padre, ma certi fenomeni è opportuno che vengano considerati nella loro negativa grandezza.

Secondo vari censimenti svolti negli Stati Uniti, provengono da famiglie con un padre assente:

1. il 90% di senza dimora ('homeless') e dei ragazzi fuggiti da casa,

2. l’85% dei giovani in carcere,
3. il 63% dei suicidi adolescenziali,
4. il 75% dei giovani ‘devianti’ istituzionalizzati,
5. il 35% dei giovani che fa uso regolare di droghe,
6. oltre il 90% dei casi di violenza scolastica,
7. il 69% dei casi di abuso sessuale infantile,
8. il 73% degli omicidi commessi da giovani,
9. il 90% dei detenuti con condanne lunghe,
10. il 60% degli stupratori,
11. l’85% dei bambini con disturbi del comportamento,
12. il 71% degli abbandoni scolastici.

L’assenza del padre è stata considerata, anche fuori degli Stati Uniti, almeno concausa dei tipici comportamenti devianti e antisociali dei giovani, e anche, più specificamente, della *sindrome ADHD…* vorrei aggiungere a titolo personale, questo quando si tratta di una ‘vera’ diagnosi, e non quando di etichettano in questo comodo modo, ragazzi che hanno il ‘torto’ di essere mal compresi nelle loro particolari caratteristiche.

2. Nuova identità paterna: tra crisi e speranze

Abbiamo visto come il padre oggi tenda ad assumere la responsabilità diretta delle cure filiali fin dai primi giorni di vita, e come il suo voler contribuire attivamente all'organizzazione domestica stia modificando un'identità paterna in evoluzione.

Superato il modello ottocentesco del padre come *limite autoritario*, e in via di revisione critica quello confusivo del *mammo*, il compito attuale sarebbe quello, non facile, di coniugare la funzione dell'*autorità separante* con quella della presenza empatico-affettiva.

Quello del padre è definito un *ruolo di genere* che, in quanto tale, esprime le aspettative e le attribuzioni che un certo contesto socioculturale indirizza in relazione ai compiti ritenuti propriamente 'maschili'; tale ruolo orienta l'azione individuale e collettiva.

Da questo punto di vista sono molto interessanti i risultati della ricerca della Procentese (2005) tratta dai racconti di padri che hanno usufruito del congedo parentale. I dati salienti della ricerca possono essere così riassunti:

1. tra le donne si è chiaramente formato il desiderio di una nuova figura di padre che sia sensibile al contesto domestico,
2. al di là delle attese, non è tuttavia rilevabile un cambiamento sostanziale nella vita quotidiana della famiglia,
3. i nuovi miti della paternità non incidono ancora sostanzialmente nella concreta organizzazione relazionale uomo-donna.

Sembrano quindi particolarmente a rischio le coppie nelle quali la donna è arrivata alla maternità dopo una forte emancipazione: le aspettative di una collaborazione paritaria, se fortemente disattese, possono determinare crisi e conflitti emotivi anche gravi.

La Francia si pone come paese avanzato nella ricerca giuridica di nuove strade per favorire lo sviluppo di una nuova identità paterna, tanto da avere istituito un *libretto di paternità* dal 2001, che ricorda ai padri le loro responsabilità. Un tentativo concreto di sostenere la tendenza attuale alla co-genitorialità è quello della *residenza alternata* tra i due genitori separati. Quest'ultima comunque, sta dividendo i giudici e gli specialisti della psicologia infantile: il rischio percepito è quello di far prevalere i diritti di ambedue i genitori sulle naturali vicende evolutive del bambino.

I dati delle ricerche successive alla nuova legislazione sul congedo parentale e sull'affido congiunto, dimostrano inequivocabilmente uno scarto notevole tra:

a. la *disponibilità* dichiarata dai padri a usufruire dei congedi parentali, superiore al 50%,
b. la percentuale di quanti in effetti ne godono, poco più del 10%.

Esiste, come già sottolineato in precedenza, una vera e propria *resistenza al cambiamento*, un meccanismo quindi anche inconscio. La razionalità e i nuovi valori di paternità si scontrano, per il momento anche violentemente, con un assetto precostituito di vecchie ma radicate *convinzioni*.

Questa discrepanza risulta particolarmente evidente nelle cosiddette *coppie in doppia carriera*, dove rimane alla fine comunque la donna a essere considerata e a considerarsi la responsabile primaria della casa e dei figli, adempiendo a questo ruolo direttamente o indirettamente tramite 'terzi'. Nei paesi europei, le ore dedicate al lavoro continuano a essere di gran lunga maggiori negli uomini (oltre le 40 ore settimanali) che nelle donne (circa 30 ore), e la differenza aumenta in Italia.

Un altro fattore sociale da considerare è il seguente: l'ambiente lavorativo risulta ambivalente nei riguardi del congedo parentale maschile, in quanto se è accettato dai colleghi, viene più o meno esplicitamente osteggiato dai capi. La cultura della *visibilità* sul luogo di lavoro è dura a morire, e per gli uomini collude con la succitata resistenza inconscia a cambiare radicati modelli di comportamento.

A livello inconscio esiste una forte conflittualità tra due modelli:

a. il primo, introiettato dopo secoli di adesione sociale, è quello del *pater familias*, corrispondente al mito del *vero uomo forte*,
b. il secondo, ricercato idealmente da pochi decenni, è quello del *mammo*, equiparato al di là delle buone intenzioni coscienti, all'immagine temuta del *non-uomo*.

Va tenuto ben presente che i modelli arcaici di paternità non sono stati introiettati solo dagli uomini, ma anche dalle donne, per cui la possibilità di una *nuova paternità* come sviluppo sostanziale e non solo virtuale di nuovi stili comportamentali, è strettamente legata a una nuova rappresentazione del padre anche nella mente delle donne e delle madri.

I *nuovi padri* devono combattere contro pressioni contrapposte:

a. da una parte il divieto di aderire alle *rappresentazioni tradizionali*, legate ai miti dell'autorità e della distanza emotiva,
b. dall'altra le *aspettative sociali* paradossali di mantenere comunque forza e fermezza.

La vera novità consiste nell'aspettativa che hanno i padri di vivere le proprie emozioni con i figli, e questo contrasta non poco con le suddette pressioni. La paternità non si improvvisa ideologicamente, anzi richiede una scoperta quotidiana attraverso il contatto con il bambino.

La percezione comune del padre come poco competente nella cura soprattutto dei bambini piccoli, crea circoli viziosi tra aspettative che i padri si facciano da parte e la difficoltà di questi ultimi sviluppare un'autostima consolidata.

È anche vero che la partecipazione degli uomini alle *faccende domestiche* li vede coinvolti in modo significativo in meno del 5% dei casi, statistica valida anche dieci anni orsono: gli unici compiti nei quali i maschi partecipano maggiormente sono quelli detti 'negoziabili', come ad esempio il fare la spesa.

Gli stessi psicologi, a partire da quello più autorevoli come Freud, Winnicott e Bowlby, hanno radicato la convinzione che sono solo le madri a essere competenti nella cura dei bambini piccoli, mentre si tende oggi a pensare che si tratti, almeno in parte, di un *dogma psicologico*. La convinzione universale sulla *superiorità della madre* sarebbe anche il risultato di un circolo vizioso causato dalla obbligatorietà delle cure femminili nate dall'assenza lavorativa del padre, escluso quindi dall'esperienza delle cure infantili. Si intravede la possibilità realistica di *attaccamenti multipli* del bambino con ambedue i genitori, laddove ovviamente il padre sia presente e disponibile.

Con notevole fatica gli uomini aspirano comunque a recuperare aspetti della cura dei figli legati a *competenze relazionali* considerate di pertinenza femminile, come l'emotività e la responsabilità dell'altrui benessere.

Riassumendo potremo dire che:

1. sul *piano ideale* uomini e donne tendono verso una concezione della genitorialità di tipo *reciproco*,
2. sul *piano reale* tendono involontariamente a regredire a un livello di funzionamento *complementare*.

La funzione ideale del *nuovo padre* dovrebbe accorpare le due competenze tipiche del cosiddetto *padre normativo* e del *padre affettivo*: introdurre il figlio ai valori sociali della normatività da una parte, e dall'altra interpretare le esigenze e le potenzialità individuali dello stesso.

La famiglia dei nostri tempi, ha caratteristiche affettive prima che normative, e questo produce senz'altro una maggiore capacità di ascolto e vicinanza, ma risulta insufficiente nel fornire limiti e giuste disapprovazioni. Molti genitori sembrano interessati a dimostrare il loro valore assicurando ogni 'felicità' al figlio: il risultato è che sono in aumento i bambini e gli adolescenti insicuri, depressi, trasgressivi e ribelli.

Un progetto di ricerca che ritengo stimolante è quello condotto dalla provincia di Reggio Emilia, notoriamente all'avanguardia per gli studi sul campo sull'infanzia, nel triennio 2002-2004 (Tanzi, 2006). Tale ricerca verte sul senso dell'essere padri oggi, e basa i suoi dati su interviste incrociate effettuate al personale e ai genitori di bambini di asili nido e scuole dell'infanzia. Innanzitutto si sono riscontrate diverse tipologie di famiglia, da quelle classiche *nucleari*, a quelle *monogenitoriali*, per finire alle *coppie di fatto*. Rispetto alle famiglie nucleari, alcuni elementi vanno sottolineati, come utili ai fini del discorso generale che si vuole sviluppare in questo libro:

a. le coppie si costituiscono a un'età sempre più avanzata come genitoriali,
b. la nascita dei figli rientra in una *programmazione* sempre secondaria al raggiungimento di determinati obiettivi sociali ed economici,
c. quando arrivano, i bambini vengono caricati di aspettative narcisistiche da parte di ambedue i genitori.

Le coppie oscillano tra la volontà di prendere le distanze dall'ottica normativa delle famiglie di provenienza e una inconsapevole continuità con la stessa. I padri di oggi, in particolare, esprimono una dichiarata volontà di distinguersi dal modello patriarcale precedente, lasciando nei fatti il carico prevalente dei figli alle madri: la loro ricerca di un contatto più emotivo con i figli sembra rispondere più a esigenze narcisistiche di adesione a un nuovo modello 'di moda'.

Lo sforzo di molti uomini ad aderire a questi nuovi modelli di paternità, inizia fin dai tempi della gravidanza, con la partecipazione alle visite mediche, alle ecografie, ai corsi pre-parto e così via dicendo, fino a una presenza attiva all'evento del parto, laddove comunque mantengono la loro dimensione sociale, ad esempio essendo loro ad annunciare il lieto evento.

Quello che molte ricerche comunque dimostrano, è come, già subito dopo il parto, i padri di oggi possono seguire almeno tre strade ben diverse:

a. iniziare immediatamente con una *sostituibilità* dei ruoli,
b. partire con una *divisione* delle sfere di competenza,
c. recuperare una *divisione tradizionale* dei ruoli.

I padri di oggi devono partire accettando una iniziale senso di inadeguatezza nella cura del bambino molto piccolo, che deve e può diventare una occasione di *condivisione* nella coppia, e di *riscoperta di sé*, di quelle qualità affettive negate dagli stereotipi sul maschio. Il nuovo padre diventa una sorta di *esploratore* di una rinnovata costruzione dell'identità maschile, pur se priva di una continuità intergenerazionale. Padri, e genitori, si diventa non certo 'a tavolino', bensì osservandosi e interrogando, osservando e chiedendo. La paternità è un'esperienza che trasforma profondamente; il desiderio e la necessità di occuparsi di un altro essere, peraltro dipendente, provoca il bisogno di un salto di livello tra il *sentirsi ancora giovane* e il *divenire adulto*. Il rimandare questa esperienza, oltre che per motivi socio-economici, viene favorito anche dal mito che 'per l'uomo c'è sempre tempo', quando in realtà l'invecchiamento biologico degli spermatozoi finisce per provocare numerosi incidenti genetici.

D'altro canto, mentre nelle donne il passaggio allo stato di madre corrisponde a una naturale evoluzione biologica nelle sue funzioni di gravidanza e di allattamento, negli uomini la funzione paterna è una costruzione sociale. Il *concepimento della propria paternità*, non basandosi su un livello biologico, risponde alla costruzione di una immagine mentale, che, in quanto tale, è prevalentemente culturale. Tale costruzione è spesso, attualmente, legata all'*imitazione* dei modelli materni di cura dei piccoli: il rischio è che il bambino si trovi... con due madri e nessun padre.

Il *pater* nelle culture occidentali, romana e greca, ma anche ebraica, sarebbe sinonimo di potere, dignità, autorità, e, finché ha corrisposto ai bisogni sociali, ha mantenuto le sue caratteristiche come *pater familias*, questo nel bene e nel male.

Il modello di padre dal quale gli uomini di oggi cercano di differenziarsi aveva caratteristiche se non altro ben individuate:

a. era una figura ben distinta da quella materna, in quanto guida autoritaria e severa, che basava la sua presenza sul timore delle punizioni e del rimprovero,
b. agiva soprattutto all'esterno della famiglia tramite il lavoro e la partecipazione alla vita politica,
c. era estraneo alle cure fisiche dei figli,
d. concepiva una diversa educazione per il figlio dalla figlia.

Alcuni autori, come Risè (2003, 2004), insistono sulla necessità di mantenere quello che si definisce *il segno del padre*: è il dolore della *ferita* che solo il padre può infliggere, il dolore prodotto dalla *perdita*. Quest'ultima deriva dalla *rottura della simbiosi* con la madre, ed è la *prima ferita*, affettiva e psicologica, che permette al bambino di crescere davvero. Il padre è testimone che la vita non è solo appagamento (materno), ma anche perdita, e dunque accettazione dei limiti umani e limitazione dell'onnipotenza infantile. Nella visione antropologica di Risè, che riprenderemo più avanti, la *crisi della paternità*, è una crisi del senso del limite, sia della *paternità orizzontale* (il padre terreno che infligge la ferita) che della *paternità verticale* (che rimanda al Padre divino). La *nostalgia del padre* è quindi sia una ricerca della figura paterna carente, che dell'autorità trascendente. Il 'male' della paternità attuale è quello derivante da una sostituzione del modello educativo classico con un modello che privilegia l'espressività del bambino.

Pur nei limiti che presenta oggi un simile impostazione, quello che oggi sembra evidente a sociologi e psicologi, è che di essa andrebbe mantenuta, o per meglio dire ripristinata la dimensione della *verticalità*, del rispetto di una gerarchia tra padre e figlio, che prelude a un riconoscimento dei vari livelli della realtà sociale e relazionale.

La ri-conoscenza di questa verticalità condurrebbe alla acquisizione di importanti tappe evolutive del figlio:

a. la consapevolezza di essere il frutto di una *biografia*, e quindi di un complesso confronto tra processi di *imitazione* e di *conflitto*,
b. l'acquisizione di una conoscenza e di tolleranza verso i propri *limiti* e le proprie *risorse*,

c. il riconoscimento di essere soggetto/oggetto di una riproposizione inconsapevole di atteggiamenti appresi, razionalmente criticati ma inconsciamente riattualizzati nella relazione con il proprio figlio.

Diventa quindi consequenziale la capacità di rivedere come illusoria la pretesa di mettere in atto 'a tavolino' forme di paternità distanti dai modelli appresi, e il passaggio a una faticosa ma realistica conquista di un proprio modello frutto di un compromesso tra ideali sociali e maturazioni individuali. Partire dalla propria biografia, consente di non cadere nella trappola di ideali mitizzati di annullamento dei modelli precedenti di paternità, concependo il cambiamento come una trasformazione piuttosto che una discontinuità; tale spirito verrebbe trasmesso ai propri figli sollevandoli dalla frustrazione di ulteriori nuovi miti da perseguire.

Il pensionamento traumatico della precedente identità lascia un vuoto ancora da colmare con un nuovo padre che sia credibile, e non si limiti a un confuso *atteggiamento materno* nelle prime fasi dello sviluppo, e che, diventando *amicale* può creare diversi ordini di problemi durante la fase adolescenziale.

Il *narcisismo* dei giorni nostri porta i genitori a ricercare il proprio ideale di perfezione nel figlio, con un rifiuto sostanziale della inevitabile conflittualità propria del rapporto genitore-figlio, premessa di confronto e individuazione. Spesso, la millantata *autonomia* delle nuove generazioni è conseguenza malata della deresponsabilizzazione dei genitori, con una 'falsa libertà'.

Molti sono gli autori che parlano di *dramma* riferendosi alla deprivazione della figura del padre, e che considerano quest'ultima condizione come causale di molti degli attuali disturbi del comportamento infantile e adolescenziale.

La *deprivazione del padre* è stato a lungo trascurato come argomento, ed è solo di recente che si è riconosciuto il ruolo fondamentale del padre fin dai primi anni di vita.

Quello che può produrre un *padre assente* viene descritto letterariamente dalla bellissima autobiografia dello scrittore Le Carrè (2006). Lo scrittore ha cambiato il suo vero nome, David Cornell, in un radicale tentativo di liberarsi della figura negativa e ingombrante del padre Ronnie: descritto come un cialtrone e fanfarone, sempre attento allo stile e mai alle necessità emotive degli altri e quindi del figlio in primis. In modo disperato scrive (p. 24):

"Non importa. Nato sono nato e, come un puledro appena venuto alla luce, me la sto già filando al galoppo. Da allora non ho mai smesso di essere in fuga".

Le aree essenziali nelle quali si svolge questa funzione paterna, che tanto è mancata a Le Carrè... ma non certo solo a lui, sono in sintesi le seguenti:
a. un *sostegno* nel distacco dalla simbiosi con la madre,
b. una possibilità di *identificazione* per il figlio maschio,
c. l'*integrazione* tra parti maschili e femminili della personalità.

Oggi si parla di un *padre sufficientemente buono*, ossia un uomo capace di un sufficiente equilibrio tra doti di pazienza, amorevolezza e comunicatività, in altre parole un modello positivo ma realistico nel quale il figlio possa identificarsi.

Il *contatto fisico precoce* tra padre e bambino, soprattutto attraverso il gioco fisico, favorisce un forte legame emotivo e quindi la possibilità per il bambino di riconoscere l'importanza di un'altra persona oltre la madre, e quindi un aumento del senso di sicurezza.

Già in un libro come 'Pinocchio' di Collodi, che ho trattato in un opera precedente (1996), compare intuitivamente quello che accade a un figlio in presenza di un padre vissuto come debole: Pinocchio si lega a Lucignolo, ossia il ragazzo se non trova un padre forte se lo va a cercare altrove:
a. può esser una figura autoritaria, anche un dittatore,
b. può essere il *branco*, o una gang.

Il rischio principale dei padri di oggi, nel rinnegare acriticamente il proprio modello paterno, è quello di identificarsi con un modello materno, finendo per rispondere alle aspettative delle donne di avere un marito e un padre diverso da quello della famiglia di origine di ambedue: ma, attenzione, queste aspettative non necessariamente coincidono con i bisogni evolutivi dei figli, soprattutto se maschi. Se il padre, per un giusto recupero del livello affettivo del rapporto con il figlio, rinuncia alla sua funzione educativa e normativa, si troverà spesso di fronte a un'amara sorpresa: il rischio di *perdere l'amore del figlio*, deluso dal mancato incontro con una figura con cui scontrarsi e identificarsi. Se l'uomo, preda di conflitti mal risolti con il proprio fantasma paterno, elude la necessità del figlio di confrontarsi a sua volta con i principi di autorità e di autorevolezza, si ritroverà paradossalmente di fronte alla stessa rabbia e frustrazione che ha sperimentato a sua volta. I bambini continuano a attribuire al proprio padre funzioni differenziate rispetto alla madre, nell'ambito dei giochi fisici, ma anche dell'insegnamento di competenze strumentali (vedi l'andare in bicicletta, giocare a pallone, nuotare), e nella lettura e nell'apprendimento del mondo esterno. Compito del padre, se guardiamo alle naturali richieste del bambino, rimane quello di fare da *ponte* tra famiglia e realtà esterna, ossia simbolicamente tra la simbiosi materna infantile e il proprio futuro di adulto.

Il rischio di un eccesso di vicinanza e amichevolezza, è quello di ritrovare una notevole difficoltà nella trasmissione di valori normativi. Il cosiddetto *padre permissivo*, che agisce spinto da un bisogno narcisistico di essere riconosciuto come 'attento' al figlio (un *bravo papà*), e che quindi finisce per assecondare e accontentare, avrà difficoltà a sostenere una funzione educativa efficace.

Sarebbe essenziale che il padre entri in contatto con la propria *esperienza di figlio*, in modo da evitare di reagire in modo acriticamente ribelle a una propria esperienza negativa dell'autorità paterna. Siamo di fronte al tema della *genealogia paterna*, ossia del rapporto tra come si vive la propria esperienza di paternità e come si è vissuta la propria esperienza di figlio. Ogni uomo si dovrebbe quindi interrogare se mantiene in sé tracce irrisolte con il proprio padre, tali da condizionare negativamente la propria funzione paterna: il rischio è che per differenziarsi a tutti i costi dal modello paterno introiettato, rinunci anche a quello che di positivo era in esso presente.

Numerosi sono i fattori ritenuti significativi nell'attuale cambiamento in corso della funzione paterna, alcuni dei quali già evidenziati. Per comodità, vediamo di riassumere i principali:

1. il maggiore impegno delle donne nel mercato del lavoro,
2. lo spostamento in avanti dell'età dei genitori per il primo figlio (che spesso rimane anche l'unico); tale rinvio dell'età biologica deriva soprattutto da due motivazioni:
   a. la ricerca primaria e preventiva di un equilibrio personale, anche su base economica,
   b. la volontà di garantire un benessere economico al figlio, nella equazione che *si è bravi genitori se si forniscono tanti mezzi ai figli*,
3. la frequenza di *figli unici*, i quali vengono inevitabilmente investi-

ti di attese: il figlio, crescendo tra adulti, scambia la grande attenzione ricevuta con l'adattamento a quanto ci si aspetta da lui,
4. il consistente aumento di *separazioni/divorzi*, frutto anche della convinzione diffusa che il legame di coppia dura solo finché si mostra in grado di garantire la felicità dei singoli: aumentano i figli affidati alle madri e la conseguente crisi del ruolo paterno,
5. la disponibilità crescente di metodi di contraccezione e di inseminazione artificiale, se da un lato aumenta il senso di libertà individuale, d'altro canto mette in crisi le vecchie identità maschili e femminili, innanzitutto perché sposta il controllo della procreazione da una *azione maschile* a una *decisione femminile*.

Le tecniche di fecondazione assistita sono un traguardo scientifico rilevante, tuttavia perseguito forse senza che ci si sia sufficientemente interrogati sulle ricadute culturali e psicologiche.

Le conseguenze serie in termini di complessità, dalla presenza di madri e padri con un'età 'da nonni', al partorire figli con una eredità genetica diversa da chi farà il padre, fanno nascere la domanda se la ricerca della felicità individuale a tutti i costi non faccia sottovalutare le possibili ricadute sul bambino.

Quindi, al problema dei bambini nati in un contesto di eccesso di programmazione e controllo, se ne aggiunge un altro non meno importante: il sempre crescente potere del desiderio della donna di avere figli, spesso a ogni costo, si contrappone a una figura paterna incerta e indefinita.

La sessualità e la fecondità sono separate, e si diventa padre quando scatta il desiderio femminile, con un ulteriore perdita dell'autostima maschile, per quanto basata su stereotipati rapporti di potere all'interno della coppia. L'uomo non fa più da *pater familias* bensì da *compagno*; l'aspirazione a una *genitorialità condivisa* è una grande conquista sociale, ma ha indubbiamente indebolito la figura maschile.

La stessa gravidanza, nonostante i vari proclami contrari, rimane un evento monopolizzato dalla madre, mentre rimane oscurata la partecipazione psicologica, in termini di vissuti e fantasie, del padre; quest'ultimo, nel migliore dei casi, ripropone i modelli femminili per uguaglianza più che per differenza. I *nuovi padri* aderisce all'ideologia del normativo che viene sostituito dall'affettivo, finendo per alternare comportamenti materni con altri fraterni.

La *legge paterna*, di tipo sociale e morale (principio di realtà), viene sostituita in entrambi i genitori dalla *legge materna*, di tipo affettivo e narcisistico (principio del piacere).

Il valore profondo della funzione paterna è legato alla capacità di favorire la separazione e l'individuazione del figlio dalla madre, incitando alla fatica dell'indipendenza e dell'autonomia: in sua assenza è inevitabile la *maternalizzazione* del mondo del bambino, eliminando la frustrazione dei divieti e dei limiti.

Il passaggio da *padre padrone* al *padre compagno* non ha ancora esitato in un giusto equilibrio tra i nuovi valori dell'affettività e quelli dell'autorevolezza, tra l'empatia e la normatività.

Molte famiglie crescono i propri figli nella certezza che esserne innamorati equivalga a sollevarli dal confronto con le regole, mentre è proprio della funzione paterna il porre il figlio di fronte alla *norma*, e ai rischi che questo comporta: in questo consiste la 'pedagogia' dell'apprendere dall'*errore* e dallo sforzo.

A volte sono proprio le madri a dovere sostituire il padre in questo faticoso e spesso frustrante compito, finendo per aggiungere una ulteriore confusione di ruoli agli occhi del figlio.

Questa dominanza di valori materni, ha conseguenze molto precise nello sviluppo del figlio:

1. un'adolescenza prolungata,
2. una tendenza ad agire senza riflettere,
3. un disinvestimento nel sociale,
4. una convinzione che le norme sia piegabili a proprio vantaggio, sempre e comunque.

I padri sono più coinvolti nella cura delle prime fasi di crescita, meno nelle funzioni di autorità e autorevolezza. Si registra una maggiore partecipazione dei padri alla gravidanza, ad esempio attraverso i corsi pre-parto, e nelle prime cure neonatali (pannolini, bagnetto e biberon).

Diventano anche ambigue le richieste e le aspettative nei confronti degli insegnanti, i quali devono sostenere i genitori nell'educazione dei bambini, salvo diventare oggetto di critiche se segnalano problematiche nello sviluppo degli stessi.

Certamente questa fase contrastata della ricerca di un nuovo modo di essere padri, ha già delineato una piattaforma positiva dalla quale progredire.

Il passaggio che sembra essere comunque avvenuto, è quello dal *padre 'cacciatore di cibo'* ('breadwinner') al *padre affettivo*, molto più vicino al figlio in termini di gioco e di fisicità: si assiste a un evidente aumento del contatto corporeo, dell'espressione fisica dell'affettività secondo modalità sconosciute ai nostri padri.

Il risvolto negativo di questa evoluzione, incerta proprio per il mancato riferimento a modelli maschili precedenti, è quello del rischio di cadere nella *iperprotettività*, ossia nel proporsi di evitare al figlio esperienze di frustrazione e di dolore, rallentando o impedendo così la capacità del figlio di diventare adulto.

Il figlio chiede al padre di amarlo, ma in modo diverso dalla madre, ossia essendo con lui *giusto*, buono ma forte e saldo. Oggi molti padri rifiutano l'*asimmetria* propria del rapporto educativo, rinunciando a dire di no, comportandosi più da fratello e da amico. I 'no!' sono essenziali per la crescita, determinanti durante l'adolescenza per dare una figura di riferimento da sfidare, senza doversela cercare pericolosamente altrove.

Il rapporto tra padre e figlio si è ribaltato: mentre ieri i figli avevano paura di non essere all'altezza dei propri genitori, oggi sono quasi i genitori ad avere paura a non essere all'altezza dei propri figli. Una buona mediazione sarebbe quella di riuscire a mostrare la propria imperfezione di padri ai propri figli: li aiuterebbe a crescere.

Il padre dovrebbe trasmettere il *senso dello sforzo*, e anche la capacità di affrontare la prova della *noia*.

Se la sfida viene completamente agita fuori dal contesto del rapporto padre-figlio, essa viene continuamente spostata in avanti, come per cercare inconsciamente qualcuno che la fermi, ossia un'autorità paterna esterna che dia un modello da introiettare per potersi poi fermare 'da dentro'.

In molte ricerche e studi, risulta che ancora oggi quello che caratterizza il padre agli occhi dei figli è dato da caratteristiche antiche:

a. la *protettività*, anche della presenza fisica (le 'spalle forti'),
b. la capacità di suscitare *rispetto e ammirazione*,
c. la *complicità* nello giocare e nello 'giocherellare',
d. l'*umorismo*.

I figli continuano a volere ritrovare nei loro padri un *modello*, che andrebbe fornito passando dai vecchi codici dell'autoritarismo a quelli dell'autorevolezza.

In un bellissimo articolo di architettura urbana (Tanzi, 2006) viene paragonata l'attuale perdita dei valori paterni ai fenomeni dilaganti di *degrado urbano*. La città assume sempre meno una funzione 'educativa' e sempre di più una 'commerciale': è la *città delle vetrine*, non più luogo di scambio sociale e politico, dove la piazza è sostituita dai centri commerciali posti ai confini esterni; i bambini imparano presto a rivolgere il loro sguardo non più *in verticale*, ma *in orizzontale*, simbolicamente non più verso il padre ma verso i fratelli, i pari.

Le scorribande cittadine di una volta, mezzo di esplorazione e di scoperta, in assenza di un padre da inseguire diventano all'eccesso occasione per sfogare la rabbia derivante dalla scomparsa del padre da sfidare direttamente.

La città, habitat esterno alla famiglia, è un simbolo del padre: la sua demolizione e la sua violazione derivano dall'impossibilità di sentirla propria, esse sono il segno della sconfitta che consegue alla perdita del padre, ma anche il tentativo disperato di richiamare la sua attenzione e il suo contenimento.

I genitori, i padri in particolare, tendono a eliminare qualunque fattore di rischio per il figlio, attraverso un ipercontrollo che finisce per bloccare i bambini nell'incertezza e nell'insicurezza sui propri limiti e sulle proprie capacità. È perduto il *rischio come valore*, ed è il padre a mancare in questo compito. I risultati possono essere due:

a. il ragazzo evita di assumersi rischi e si rifugia nei rapporti familiari o in altri che li evochino,
b. altrimenti tenderà a ricercare sfide 'al limite'.

La città dovrebbe tornare luogo 'pedagogico' dove i padri insegnano cosa sia l'accoglienza sociale e il valore della scoperta, combattendo l'attuale tendenza a rendere la 'città delle vetrine' una sorta di *grande madre*, nutriente e soffocante, dove il valore è solo quello del successo economico, e i giovani vengono omologati da una società dei consumi che sostituisce illusoriamente i padri che latitano.

3. *Il padre 'materno'*

Abbiamo finora considerato come il nostro periodo storico da un punto di vista sociale sia contrassegnato da fenomeni sconosciuti alle generazioni precedenti: si fanno meno figli, sono in costante aumento separazioni e divorzi, molti padri vivono in uno stato di emarginazione, molte unioni hanno caratteristiche nuove e in evoluzione.

Il crollo verticale del *principio d'autorità* ha sconvolto l'immagine tradizionale del padre, ponendo in crisi l'antico e universale desiderio di un padre forte e buono.

Questo desiderio fino alla generazione precedente, veniva largamente adempiuto dalla figura, spesso retorica, del *buon padre di famiglia*, al quale venivano assegnate funzioni di sostentamento materiale e di sostegno pedagogico.

L'assenza del padre ha finito per costituire un argomento al confine tra psicologia seria e retorica divulgativa.

Ciò non toglie che la figura del padre che abbandona sia un tema universale molto serio, tanto quanto la ricerca nostalgica di un padre forte e protettivo come figura idealizzata.

Il femminismo ha contribuito, attraverso una rivoluzionaria restituzione di potere economico e sociale di potere alle donne, a questo passaggio dall'estremo del *padre padrone* al polo opposto del *padre assente*.

Nel movimento del '68, sotto lo slogan dell'*immaginazione al potere*, emergeva in modo ancora fragile l'interesse dei maschi per la gravidanza e la cura del bambino: all'inizio più su una base ideologica che sostanziale.

In questo contesto, si sviluppa la dizione di *nuovo padre*, inteso come un uomo in grado di svolgere funzioni materne (*maternage*).

Abbiamo visto come per Freud 'padre' era colui il quale, nel corso del conflitto edipico, promuoveva il conflitto con il bambino e quindi la sua crescita. Nel corso della propria autoanalisi, svolta in un periodo critico della propria vita per la morte del padre, stabilì nella figura del 'padre' uno dei cardini nella nascita della psicoanalisi. Per lui quindi il padre era il depositario della 'legge' e dell'autorità, mentre non considerava in particolar modo gli aspetti legati al diventare padre in riferimento a:

1. l'*identità* maschile,
2. l'*affettività*.

Lo scarso interesse di Freud per il travaglio del divenire padre, ha segnato la psicoanalisi fino a pochi anni orsono, per cui, per molti decenni il padre, nei vari percorsi di studio e di ricerca, è rimasto relegato in un ruolo marginale rispetto alla madre.

Abbiamo già citato recenti studi sulla teoria dell'attaccamento che confermano l'importanza anche precoce del padre. I dati della cosiddetta 'infant observation', portano a evidenziare due diversi, ma necessari, atteggiamenti fisici da parte dei due genitori: le madri cullano il bambino 'in orizzontale', quindi con dolcezza, i padri 'in verticale', quindi con vivacità. Rimane comunque valido il concetto che il figlio potrà davvero 'riconoscere' il padre come individualità maschile nella dimensione triangolare del rapporto, quindi nella successiva fase edipica.

Il divenire padre comporta complesse vicissitudini psicoaffettive, fin dalla nascita del bambino: il padre inconsciamente vivrà sentimenti di abbandono e rivalità verso il neonato, così come invidia verso la capacità generativa della madre. A questi eventi emotivi, va aggiunta la probabile riemersione di vicissitudini emotive legate ai propri genitori, o anche a eventuali fratelli, e quindi a conflitti evolutivi non risolti.

Lo svolgere una funzione materna, situazione tipica dei nostri tempi, non può non influenzare l'assetto psicologico dell'uomo rispetto agli equilibri precedenti rimasti per lungo tempo stabili.

La fragile identità maschile dei nostri tempi, viene ampiamente condizionata da pressioni mediatiche, e da questo punto di vista è la *pubblicità* a farla da padrona. Il meccanismo della persuasione occulta solletica sentimenti di narcisismo attraverso un'immagine che ha finito per condizionare il nostro immaginario, quella del padre giovane (e bello) che tiene in braccio un infante altrettanto nudo. La sollecitazione di questa iconografia, ovviamente finalizzata a vendere oggetti assolutamente estranei rispetto alla figura rappresentata (profumi, orologi, automobili), certamente ha recepito un'esigenza che si andava sviluppando tra le persone, tuttavia portando più a presentare una moda che l'espressione di un cambiamento acquisito.

Spesso appare una difficoltà a distinguere il rispetto dei principi di *parità* tra uomo e donna, con una sorta di *indifferenziazione* di ruoli, che se risponde a certe pressioni sociali e ideologiche, non altrettanto corrisponde a esigenze evolutive del bambino.

Oggi è certo che i padri venga richiesta una maggiore partecipazione affettiva, che però può contrastare con il ruolo tradizionale alla forza e al conseguente maggior distacco emotivo, che certamente è presente nella memoria di tutti i figli dei padri delle generazioni precedenti.

Non va comunque commessa la leggerezza di ritenere che sia ancor oggi completamente scomparso lo stereotipo dell'uomo combattente e procacciatore di cibo, immune a 'debolezze' sentimentali.

Certamente oggi molti più padri si sentono in grado di svolgere una funzione anche materna, traendone anche un beneficio per se stessi. L'elemento di grande novità è dato dalla possibilità che si vogliono dare molti uomini di vivere quella parte di sé legata ai sentimenti di tenerezza.

Nella nostra cultura occidentale e cristiana, l'icona tipica del padre materno è data da Giuseppe, 'custode' di Maria e di Gesù. La Festa del Papà cade il giorno di S. Giuseppe: è il padre che, non avendo generato, si pone come emblema del padre 'adottivo'. Giuseppe è stato un oggetto di una grande ambivalenza, tanto venerato per le sue virtù (obbedienza, umiltà, rassegnazione), quanto svalutato tramite i suoi silenzi, ossia privato della parola e quindi del 'logos' del maschio. Egli è il padre legale di Gesù, tuttavia un uomo che deve essere asessuato per rassicurare sulla verginità di Maria.

Nell'Alto Medioevo si afferma una interpretazione di Giuseppe come uomo giusto ma distaccato nell'azione. È negli scritti di Teresa di Avila, che si definisce Giuseppe come 'vero' padre di Gesù per il suo amore costante e protettivo: un ruolo esaltato nella fuga verso l'Egitto, dove egli si pone come guida forte e proiettata verso il futuro del figlio.

Simona Argentieri (1999) ha scritto un saggio davvero interessante a tal riguardo, cogliendone implicazioni psicologiche valide anche ai giorni nostri, attraverso un'analisi iconografica della sua figura per come è stata rappresentata nella pittura. Nei quadri fino al XV secolo, Giuseppe appare impegnato in funzioni materne, come ad esempio la preparazione del bagnetto nella 'Natività' di Vitale da Bologna. Una profonda mutazione avviene intorno al XVI secolo, laddove egli viene raffigurato come più giovane e forte: Giuseppe, nell'epoca della Controriforma, assume rilievo come *capofamiglia*, per sottolineare i valori della famiglia e del matrimonio. Gli viene attribuito il simbolismo della funzione protettiva della madre e del figlio, in risposta al desiderio universale di un padre capace di fornire protezione e affidabilità. Le vicende biografiche della famiglia di Gesù, possono anche essere lette come una versione mitica del cosiddetto 'romanzo familiare', ossia di quella costellazione di fantasie infantili tramite le quali il bambino elabora un proprio ideale dei propri nobili e segreti natali, laddove genitori reali risultano deludenti, per cui non possono essere quelli 'veri'.

Questo non vuol dire che sia facile trovare un giusto equilibrio. Se il padre, nel desidero di condividere le cure finora appannaggio della madre, finisce per sostituirsi a quest'ultima, avremo quell'estremo deteriore che è stato definito il *mammo*. Alcuni sostengono che tra i vari fattori in causa, andrebbe considerato anche un *senso di colpa* indotto nel maschio dalla cultura moderna, e dal femminismo in particolare. Rimane in ogni caso difficile realizzare l'attuale aspirazione a una condivisione paritaria nella coppia dei compiti genitoriali, e questo per almeno due ordini di quesiti che ci si deve porre:

1. Quale è la 'metà giusta' per il padre e per la madre?
2. È davvero sano che non esistano più differenze agli occhi del bambino?

La maggior parte degli studiosi risponde con decisione 'no!' a quest'ultimo quesito: a 2 anni il bambino ha già chiare le differenze tra maschi e femmine.

Possiamo distinguere due tipologie di 'mammi' (Baldassarre, 2006):

a. il *mammo per vocazione*, dotato di caratteristiche temperamentali rivolte all'accudimento, e che rischia quindi di sovrapporsi all'operato materno; iperprotegge il figlio dall'assunzione di rischi, li-

mitandone l'autonomia. Spesso è stato allevato da una *madre iperprotettiva* che lo ha reso dipendente da un modello femminile;
b. il *mammo indotto*, tale episodicamente e per motivi esterni, ad esempio la madre del bimbo che non dispone di tempo sufficiente; di solito è un modello reversibile verso i 3 o 4 anni del figlio. Può anche derivare dalla forte pressione culturale.

Spesso va notato come il 'mammo' si auto-convinca della bontà del proprio operato, accumulando in realtà frustrazione. Il padre corporeo, 'copia' della funzione materna, ritorna a una funzione primaria e primitiva, biologica invece che sociale, più che 'nuovo padre' un 'nuovo compagno' per la madre. Interessante risulta l'analisi iconografica delle immagini date del padre negli ultimi secoli. Mentre nella pittura del XIX e della prima metà del XX secolo, il padre appare sempre con la propria famiglia schierata, vestito in modo socialmente riconoscibile, da *patriarca*, nella fotografia degli ultimi due decenni, il padre appare spesso da solo con un bambino, ambedue nudi, ridotti a corpi simbiotici, utili solo per una pubblicità vorace e manipolativa.

Il *padre primario* è dedito all'accadimento dei bisogni biologici primari del bambino, e può essere solo il risultato di una fantasia culturale, una fuga verso un maschio che si vuole migliore, semplificando e svuotando l'antica situazione lacerante del padre che doveva infliggere la *ferita* dell'uscita dalla simbiosi materna: era un lavoro 'sporco' ma vero, necessario per l'ingresso nella realtà e nella società degli adulti. Il 'nuovo padre', se coincide con il 'mammo', sterilizzato dalla propria funzione frustrante, ripete per il figlio la condizione rassicurante della madre: dimette la *corazza di Ettore*, ma rinuncia anche a compiere il suo *gesto* di sollevarlo verso il cielo togliendolo dalle braccia della madre. Ettore per togliersi la corazza, doveva prima indossarla: era in questa complessità lacerante la profonda identità del padre. La seconda fase dello sviluppo, quella pubblica dell'iniziazione da parte del padre verso il mondo, è minimizzata a favore della prima fase, simbiotica e privata, che da sola rimane profondamente narcisistica.

Si è anche parlato di un *complesso di Esaù*. Quest'ultimo scambia la propria primogenitura per un piatto di minestra; come lui oggi ogni ragazzo può risentire della *mancata benedizione del padre*. Il bisogno di *iniziazione* rimane comunque presente negli adolescenti privati della loro primogenitura in cambio di un piatto di minestra (non sosteniamo tutti che i padri danno denaro invece che la loro presenza?); cercheranno di soddisfarlo tra di loro, spesso imitando i loro 'Lucignoli' più grandi, con le drammatiche sfide rischiose che riempiono le cronache, e che dovrebbero riuscire a farli sentire 'grandi', anche provocando la reazione di altre figure maschili, ad esempio impersonate dalle autorità.

A questo punto, con intensità diversa nei due casi, si verifica una collusione con un vuoto che non è più solo paterno ma anche materno. Molte madri tendono a sfuggire all'ansia della simbiosi con il bambino, e questo si manifesta in tanti modi, dalla diffusione estrema del parto in anestesia fino alla rinuncia all'allattamento al seno.

Il 'mammo' risolve in modo narcisistico l'invidia per la madre, in quanto la sostituisce, e si identifica in modo onnipotente con il bambino. Quest'ultimo verrà allevato da una sorta di genitore *indifferenziato*: nessuno fa il padre. Il padre materno, soprattutto nella sua versione estrema del mammo, non propone più il principio d'autorità al figlio e quindi non lo prepara ad attrezzarsi verso le frustrazioni della vita, compito di quello che chiamiamo un *padre sufficientemente buono*.

Quest'ultimo si esprime innanzitutto verso il funzionamento della coppia simbiotica madre-figlio, rispetto alla quale ha due compiti vitali:

1. con il bambino quello di introdurre gradualmente il contatto con la realtà esterna, limitando l'onnipotenza infantile,
2. con la madre quello di garantirle degli spazi di autonomia fisica e psicologica, così contenendo il rischio dell'invischiamento simbiotico.

Una buona adesione a questi due compiti deriva principalmente da tre competenze psicologiche:

a. il desiderio genuino di partecipare attivamente alle cure anche fisiche del bambino,
b. la capacità di tollerare i fisiologici sentimenti di esclusione dalla coppia madre-bambino,
c. la maturità nel tollerare l'aggressività derivante dalla frustrazione dell'impedire la regressione simbiotica.

Le notevoli difficoltà nella gestione di questi due compiti esita frequentemente in varie forme di *patologia della paternità*, dalle più lievi alle più gravi, patologia che smentisce la convinzione diffusa che i padri non debbano soffrire degli eventi legati alla gravidanza e al parto, pregiudizio tutto legato alla fantasia inconscia del padre forte e distante.

Vediamo in sintesi estrema alcune di queste possibili forme morbose.

1. La *sindrome della couvade*, che sfuma tra la fisiologia e la patologia, deriva dallo studio di un rituale tipico in alcune popolazioni 'primitive', nel quale il padre accompagna la gravidanza e il parto, sia ponendosi alcune limitazioni dietetiche simili alla madre, sia emulando le doglie del parto con una simulazione dei movimenti della donna. L'equivalente occidentale è dato dalla presenza di una serie varia di sintomi psicosomatici nei quali si esprime l'ansia paterna: nausea, coliche, inappetenza e così via dicendo.
2. Gli *acting out della paternità*, ossia una serie di azioni impulsive che sfogano una conflittualità male elaborata: fughe, tradimenti, incidenti.
3. *Depressione*, manifestata sia direttamente come sintomo conclamato, che indirettamente con il ricorso all'alcol, con l'impotenza sessuale. Il meccanismo psicodinamico sotteso è dato da un senso di colpa per l'aggressività sperimentata verso la coppia madre-figlio.
4. *Psicosi puerperale paterna*: il riemergere violento di conflitti infantili non risolti, conduce, in personalità fragili, a idee deliranti di persecuzione e di tradimento.

4. *Il padre antico: una breve storia*

> *"Se quello che i mortali desiderano*
> *potesse avverarsi,*
> *per prima cosa vorrei il ritorno del*
> *padre".*

Con questa bellissima dichiarazione d'amore filiale, Telemaco, nell'Odissea, esprime la propria attesa del ritorno del padre Ulisse.

Risè (2003) descrive la *nostalgia dello sguardo paterno*, come assenza di un padre che oggi abbia il coraggio di tornare a 'fare il proprio mestiere'. L'autore esprime esplicitamente una posizione di natura ideologica, che a mio parere va tenuta in considerazione e non rifiutata a priori per una oppositiva posizione meramente politica, in quanto comunque propone una lettura dell'attuale crisi dell'identità paterna corroborata da varie ricerche e studi, pur se da differenti angolature. Secondo l'autore, l'attuale *assenza del padre* è il risultato, prima di tutto, di una società oramai secolarizzata a causa di due movimenti sociali che hanno rivoluzionato il precedente assetto familiare, finendo per 'gettare il bambino con l'acqua sporca'. Il primo è quello del divorzio, il secondo è quello del diritto all'aborto gestito in toto dalle donne. La secolarizzazione ha condotto a una separazione dell'uomo da Dio, e quindi a un declino della figura paterna. Storicamente, ha assunto un'importanza centrale la Riforma Protestante, laddove Lutero ha spostato il matrimonio dall'ambito religioso (il Regno di Cristo) a quello laico (il Regno del Mondo): in questo modo, secondo Risè, viene tolto al padre il suo essere riflesso della figura del Padre Celeste nella famiglia e quindi nel mondo, il suo testimone umano della norma divina.

La secolarizzazione della famiglia, iniziata con la Riforma, raggiunge l'acme con la Rivoluzione Francese: il padre assume sempre di più una funzione economica, perdendo quella spirituale di guida del figlio. La famiglia viene 'amministrata' dal padre, riducendosi al mondo delle 'cose'.

Il padre di oggi è prima di tutto, egli stesso *'orfano di padre'*, privato della trasmissione della funzione paterna, e quindi incapace di darla. L'odierna società dei Consumi ha reso dominante la funzione materna, dando precedenza assoluta ai bisogni e ai diritti, a scapito della funzione normativa.

Personalmente non condivido l'analisi sulle cause proposta da Risè, tuttavia ritengo utile ascoltare quanto l'autore descrive come conseguenza: si può dissentire sulla sua teoria, ma questo a mio parere non deve portare automaticamente a ignorarne l'analisi dell'effetto. In cosa consiste quest'ultimo?

Il 'mestiere' vero sarebbe quello di lasciare il cosiddetto *segno del padre*, l'atto di trasmettere al figlio una *ferita*, la ferita del dolore e della perdita: il padre insegna che la vita non è solo appagamento e rassicurazione, ma anche mancanza a fatica. L'insegnamento della ferita avviene attraverso l'*interruzione della simbiosi* tra madre e figlio: questa è la prima funzione psicologica e simbolica del padre, in altri termini quella di elevare il bambino dal terreno rassicurante della matrice materna verso uno scopo, un progetto che lo conduca verso la realtà. Questa ferita rende l'uomo forte, è anche una sorta di primo *rito iniziatico*.

Alla fine, la trasmissione di questa ferita è il primo *atto d'amore* del padre verso il figlio, dato che lo rende capace di stare nella realtà. In quanto rito d'iniziazione, lo sviluppo individuale si sposta dall'asse 'orizzontale' della relazione privata con il padre, a quello 'verticale' della relazione sociale con la comunità e della relazione spirituale con la divinità. Nel Nuovo Testamento, il piccolo Gesù, viene presentato da Giuseppe alla Sinagoga, così come in molte tribù i fanciulli vengono tolti dai padri dalle braccia delle madri ed elevati verso il cielo: passano grazie al padre dalla situazione 'orizzontale' (la madre, la materia) a quella 'verticale' (la ricerca di sé e dell'altro, anche trascendente). La inevitabile 'ferita' consiste proprio nell'essere strappati alle braccia della madre, ma per essere sollevati verso il cielo.

Il padre deve liberare il figlio dal legame circolare tra madre e figlio, un legame narcisistico espresso nel miti con l'immagine dell'*uroburo*, il serpente che si mangia la coda.

Oggi molti ritengono che la società occidentale tenda a risparmiare ai bambini questa ferita, privandoli di questo rito d'iniziazione, volendoli crescere senza traumi, e lasciandoli così 'a terra' in preda ai bisogni materiali. Diventa una società di *eterni fanciulli* che vivono sul piano orizzontale dei bisogni, incapaci di sopportare le esperienze della malattia, del decadimento fisico, della stessa morte come dato inevitabile della vita stessa.

Lo stesso Freud, su basi scientifiche e non ideologiche, parlava di questa 'ferita' che il padre infligge al figlio, con la sua teoria dell'*angoscia di castrazione*, che portava al tabù dell'incesto e all'assunzione della norma morale ossia della *Legge*, ed era il padre il veicolo di quell'angoscia.

Nello scorso secolo l'autorità paterna si indebolì progressivamente, man mano che essa veniva culturalmente associata alla distruttività della guerra, fino al suo epitaffio con la guerra del Vietnam. L'assenza del padre, con il corrispettivo sociale dell'indebolimento della norma morale, porta alla ricerca di sostituti, non ultimi i sempre più numerosi e spesso contraddittori regolamenti e dispositivi giudiziari.

Gran parte dell'ansia giovanile dei nostri giorni, viene addebitata a una inconscia richiesta di norme credibili dei quali gli adolescenti in particolare hanno bisogno.

Enea illustrava, molti secoli fa, la centralità dell'esperienza della perdita nello sviluppo dell'uomo: egli perde la sposa e la patria, e sopravvive recuperando la presenza paterna che gli diventa ancora più necessaria, tanto da salvarla dall'incendio di Troia portando prima il vecchio Anchise sulle spalle, e poi ricercandolo negli Inferi. Grazie al recupero della presenza paterna, Enea costruirà il futuro proprio e della sua gente.

Nel mito di Icaro, il padre di quest'ultimo, Dedalo, vuole aiutare il figlio a fuggire da Creta, dove è stato rinchiuso nella prigione del Labirinto di Minosse. Dedalo aveva aiutato la regina Pasifae, costruendole una mucca di ferro per farsi penetrare da un toro bianco (così nascerà il Minotauro) e quindi punito dal re. Simbolicamente Dedalo vuole aiutare Icaro a fuggire dall'*onnipotenza infantile*, rappresentata dalla regina che vuole superare i limiti umani, e indica nella 'verticalità' la via di fuga, costruendo delle ali di piume e cera per volare via. Tuttavia, Icaro, per volare via (crescere) deve accettare la 'ferita' del padre, ossia il limite che gli pone: dovrà evitare di volare troppo in alto altrimenti il sole scioglierà la cera, e neanche troppo in basso vicino alle acque del mare che potrebbero bagnare le piume e farlo precipitare. Icaro non accetta la ferita e precipita, cedendo alla propria onnipotenza.

Telemaco, l'archetipo di figlio che da il titolo a questo libro, trascorre i suoi giorni nell'*attesa del padre assente* (Zoja, 2000), un padre ricordato dalle parole e dai racconti della madre Penelope, e che infine parte alla ricerca di Ulisse. Al ritorno di quest'ultimo si ricostruisce la triade genitori-figlio; Ulisse e Penelope si incontrano dopo decenni all'insegna di una sessualità mai spenta, e Telemaco viene finalmente allontanato dal suo innaturale posto accanto alla madre:

Penelope: "*Se davvero è Odisseo ed è giunto a casa, noi due ci riconosceremo ben presto l'un l'altro anche meglio. Abbiamo segni che sappiamo noi e son segreti agli altri*".

Ulisse: "*Telemaco, sì, lascia pure che tua madre qui nella sala mi metta alla prova. Presto mi riconoscerà anche meglio...*".

È padre chi aiuta il bambino a maturare attraverso il conflitto edipico; un figlio può anche avere più padri definiti secondo la legge sociale, ma non potrà che avere un solo padre edipico.

Cosa si aspetta un figlio da un padre, e cosa si aspetta un padre da se stesso per considerarsi tale? Sono domande titaniche, le cui risposte sono ricercate da quando l'umanità ha scoperto la paternità.

Enea, il mitico padre di Roma, fuggendo da Troia, si trovò a un bivio che è metafora attuale per tutte le domande sul padre: doveva rimanere a fronteggiare il nemico invasore per difendere l'onore suo e della sua gente, oppure doveva scegliere la fuga, proteggendo il futuro della sua famiglia e della sua gente?

Roma nacque dalla scelta del futuro, e questa è una caratteristica del padre, la proiezione dello sviluppo del figlio nel domani, al di là della soddisfazione immediata dei bisogni, anche quelli eroici.

Un figlio certamente si aspetta da un padre qualcosa di diverso da quello che si aspetta dalla madre. Se quest'ultima dovesse subire un'ingiustizia, il figlio l'amerà comunque, ella è stata conosciuta *nel corpo*.

Se invece il padre si dovesse mostrare debole e poco coraggioso, il figlio sarà deluso: il padre deve essere *forte e vincente*, altrimenti farà la fine del Re Lear, prototipo del padre che viene rifiutato se perde forza e prestigio.

Il padre è l'*essere nel mondo*, e di fronte a questo si deve mostrare forte e vincente agli occhi del figlio, che attraverso le sue azioni cercherà il proprio orgoglio e la propria dignità.

Il figlio vorrà che il padre sia *amorevole* con lui, ma *forte* con il mondo, meglio ancora se *giusto*, ma in seconda battuta. Questo è un vero *paradosso del padre*, stretto tra due aspettative, anche sociali, che confliggono tra di loro. Secondo Zoja (2000), questo paradosso è anche il portato di un *paradosso collettivo* della nostra società occidentale, stretta tra l'insegnamento del Cristianesimo e l'uso secolare della forza per espandersi.

Dobbiamo tutti confrontarci con il fatto che l'immagine paterna presente nel nostro *inconscio*, stratificata durante millenni, non può adeguarsi alle nuove aspettative culturali degli ultimi decenni, in parte frutto di mode e spinte suggestive. Numerosi studi e inchieste mostrano come l'immagine attuale del padre, così come altri contenuti psicologici ritenuti profondamente modificati dall'accezione comune, in realtà risenta di uno scarto profondo tra ciò che *crediamo di essere* (le convinzioni coscienti) e ciò che *siamo veramente* (archetipi inconsci). I valori coscienti mutano con grande rapidità, a una velocità assimilabile a quella delle novità tecnologiche, ma rimane grande la distanza con una vera maturazione che non può che avvenire nel rispetto di quanto si è sedimentato nel nostro inconscio da centinaia di generazioni. Questo fenomeno spiega, tra l'altro, lo stacco che è stato rinvenuto tra le aspirazioni dei padri a partecipare con le madri dei loro figli alla vita domestica, e il tempo che effettivamente dedicano a incombenze che nel profondo ignorano e rifiutano.

L'*immagine profonda del padre* nasce con il mito greco, passa per il diritto romano, si modifica prima con l'insegnamento del Cristianesimo, successivamente con le rivoluzioni francese e industriale, le due guerre mondiali e l'ultima rivoluzione della famiglia dei decenni nostri.

Pinocchio, al padre mite e ragionevole che è Geppetto, preferisce ancora il fascino irridente di Lucignolo, che gli appare esperto e vincente. Come lui, l'adolescente che non possa scontrarsi con un padre presente e forte, dialogherà con qualche 'capobanda' temerario e sfottente.

Le ricerche di Lamb (1987) hanno dimostrato come il legame tra padre e figlio sia forte e individuato già dai primi mesi di vita, ed è già da allora che inizia il modellamento maschile distinto dal legame simbiotico con la madre.

Come ci insegna lo studio dell'embrione umano, l'*ontogenesi ripercorre la filogenesi*: lo sviluppo dell'individuo ritraccia lo sviluppo della specie umana.

Così come le prime tracce del rapporto padre- figlio nascono nei primi mesi di vita del bambino, i primi echi dello sviluppo dell'immagine del padre risalgono agli albori dell'umanità.

Il concetto di Padre ai situa all'incrocio tra natura e cultura: la famiglia monogamica patriarcale, che ha dominato per secoli, è un prodotto della cultura, non essendo rinvenibile tra le scimmie antropomorfe e in diverse culture cosiddette primitive. Il Padre è il risultato della capacità dell'umanità di ragionare sulla partecipazione diretta dell'uomo all'atto della procreazione, primo momento culturale della specie umana che riflette sulla propria origine. Il Padre è costruzione, e si basa quindi su una capacità intenzionale di programmare, di rivolgersi al futuro. Il Padre pone con la sua funzione una vero e proprio *principio di Civiltà*.

In natura, tra i *primati*, l'evoluzione rende la gestazione e l'allevamento prolungati rispetto ai pesci, uccelli e rettili. La simbiosi tra figlio e madre rende il raggiungimento dell'autonomia del piccolo un processo delicato e complesso, l'allattamento diventa un primo evento culturale, in quanto apprendimento.

Nelle grandi scimmie antropomorfe (orango, scimpanzé, gorilla, bonobo), i maschi non riconoscono i loro figli dai piccoli biologicamente non propri, e sono le madri che attraverso l'allattamento prolungato seguono la crescita dei piccoli.

Nella specie umana, la madre pone con il figlio una *continuità* con la condizione biologica del figlio, che deve essere interrotta per *discontinuità* dalla presenza del padre.

Nel paleolitico, l'uomo si distacca dalla società animale con la scoperta del padre e della coppia genitoriale, che porterà alla famiglia monogamica. Rispetto all'atteggiamento sessuale promiscuo delle scimmie, la società umana 'inventa' le prime forme di coppia, con l'inizio della funzione paterna dei maschi, i quali si danno la norma di smettere di aggredirsi per le femmine (disposizione biologica) per arrivare a una 'spartizione' (disposizione culturale): tale binomio persisterà come forte contraddizione in tutto il successivo sviluppo storico. La *nascita del padre* contrassegna il compimento dell'Homo Sapiens.

Caratteristica umana corrispondente alla scoperta della paternità, è quella della *separazione dei compiti tra i due sessi*: la madre usa le mani per occuparsi dei figli, il padre le usa per difendere ambedue e per procacciare cibo. I due sessi continueranno a specializzarsi per tutta la durata dell'evoluzione della specie.

Le femmine diventano *raccoglitrici*, dedicandosi alla raccolta di frutta e vegetali, possibile senza allontanarsi dai piccoli; i maschi diventano *cacciatori*, allontanandosi dalla base ed esplorando nuovi territori per procurare le carni necessarie. Il maschio diventa una presenza protettiva, interrotta dalle spedizioni di caccia.

Il *femminile* si struttura come potere generativo: l'agricoltura come espressione del generare; il *maschile* come funzione dell'uccidere (la caccia), e il suo generare è psichico, il suo dare la vita si realizza nel trasmettere attraverso le generazioni di padri e figli.

In questo modo, l'uomo deve *organizzare un lavoro psichico*: la caccia richiede lo sviluppo di competenze esplorative e di inseguimento della preda, ma, soprattutto, egli deve imparare a gestire la coesistenza tra l'andare via e il ritornare. Il legame con il luogo di partenza sviluppa il sentimento della *nostalgia*, rafforzando la sincronia tra *bisogno di scoperta* e il *bisogno di sicurezza*. Il partire e il ritornare contrassegnano il nascere del *comportamento paterno*: l'Odissea di Ulisse ne è la massima espressione poetica. Il maschio desidera di tornare, e la femmina desidera che torni. È quest'ultima a *inventare il padre*:

a. *diventando femminile* nel suo accoglierlo al suo ritorno,
b. *guidando lo sguardo del figlio verso il padre che ritorna.*

La selezione conforta la famiglia monogamica e patri centrica in quanto è la meglio attrezzata ad assicurare la sopravvivenza dei piccoli. Nella coppia nascente, l'aggressività viene convogliata verso la caccia, e la sessualità, nata come soddisfacimento immediato degli istinti, vene organizzata nella costruzione di un progetto. Il conflitto tra *personalità pre-civile* (pre-paterna) dell'uomo, predatoria e promiscua, e *personalità civile* (paterna), ossia legata a una condotta morale, attraverserà tutta la storia umana fino ai giorni nostri; riemerge anche nel paradosso del padre, dal quale ci si aspetta forza e moralità.

In natura la femmina e la madre coincidono, il maschio e il padre no, questi ultimi due devono essere consapevoli della loro unitarietà, costruendo così la loro identità su una base che diventa culturale, coscienza e apprendimento. Seme biologico e figlio non coincidono: il *maschio impara a diventare padre*, scoprendosi come tale, ma questo processo è anche causa della sua *insicurezza ontologica* (Zoja, 2000).

Nella storia dell'uomo, questa insicurezza di base ha prodotto una zona di *aggressività difensiva*, che, alla lunga, ha condotto alla messa in crisi del Padre come Autorità.

Per il maschio, la scoperta dell'*intimità emotiva* con la partner e con il figlio, conduce a una ambivalenza, mai veramente risolta, tra il piacere dell'empatia e la paura della fusionalità: la divisione compulsiva dei ruoli, in particolare nel lavoro, assume la funzione di una difesa dell'identità maschile.

Questa insicurezza originale non è dei giorni nostri: già nell'antica Grecia, era avvertita con tale angoscia da portare a un rovesciamento di ruoli onnipotente, con il padre che diventava l'unico genitore del figlio, e la madre che compariva come mera nutrice biologica. Eschilo è uno dei massimi testimoni e narratori di questa gerarchia. Assistiamo all'origine del *patriarcato occidentale*, che emerge dal mondo mitico delle Grande Madre micenea, il cui ventre generatore appare in numerose sculture e dipinti. La mitologia greca descrive figure femminili divine oggetto di timore e venerazione, a partire da Atena, le quali esprimono fantasie maschili intrise di diffidenza verso il femminile: le donne reali sono inferiori e sottomesse. Le Amazzoni realizzano il terrore tutto maschile per un potere femminile divorante, sconfitto solo dalla forza bruta di Eracle. Sarà Zeus a stabilire un controllo patriarcale: egli partorisce Atena dalla propria testa, dea figlia di solo padre e che difende solo i maschi vincenti, come il prode Achille.

Il terrore degli antichi greci è mostrato anche dalle loro potenti dee, dalla stessa Atena fino a Artemide: psicologicamente può corrispondere al loro timore di prendere contatto con la parte femminile presente nell'uomo, che ad essa non poteva cedere.

Il mito del padre che genera compare, peraltro, anche nei miti dell'antico Egitto e dell'antica India, a mostrare il terrore arcaico per la potenza generativa femminile che ha attraversato l'umanità in tutte le epoche e latitudini. Per i greci è quindi il padre che genera e crea, continuando e radicalizzando con il patriarcato la rivoluzione iniziata nelle savane della preistoria.

Tuttavia, dobbiamo proprio ai miti e alla letteratura dell'antica Grecia, la definizione di cosa rappresenti l'archetipo della paternità, attraverso i personaggi di Ettore e di Ulisse.

Ettore è padre sia della propria patria, quindi un patriota, che della propria famiglia. Egli, rispondendo all'invocazione della moglie Andromaca di non rendere lei vedova e il figlio orfano, dichiara la propria vergogna a non pensarsi in battaglia a difendere le mura della sua Troia. Ettore, nel suo commiato, tende le braccia verso il figlioletto Astianatte, ma nel farlo dimentica di *avere la sua armatura* e quindi spaventa il bambino, che piange; quella armatura rappresenta la corazza difensiva di chi ha dimenticato la propria e l'altrui emotività, non riconoscendo più in sé quelle caratteristiche del bambino che una volta è stato. Immediatamente, Ettore e Andromaca, sorridono al pianto di Astianatte, e a questo punto accade l'evento che, secondo l'analisi di Zoja (2000), contrassegna il simbolo eterno della vera paternità: Ettore, toltasi l'armatura, *solleva il figlio in alto verso il cielo*, affermando (Iliade, VI, 440-479): *"Zeus e voi altri dei, rendete forte questo mio figlio. E che un giorno, vedendolo tornare dal campo di battaglia, qualcuno dica: 'È molto più forte del padre'"*.

Questo atto è il *gesto di Ettore*, marchio eterno del padre che elegge il figlio verso il suo futuro. Contemporaneamente, la sua corazza è l'armatura di tutti i padri, di tutti i maschi: essendo la sua paternità una condizione non biologica ma culturale, essa è frutto di una *autoeducazione*, di un impegno da mantenere nel tempo, per cui il suo *irrigidimento* è una difesa dal timore di un cedimento sentimentale dal progetto d'ordine e di rigore insito nella sua paternità, regredendo a uno stato di pre-paternità e quindi di pre-civiltà.

L'armatura, quindi, deve nascondere il senso di *fragilità* insita nel ruolo paterno, diventa metafora dell'istituzione paterna, e, laddove riesca eccessivamente nella sua funzione di difesa dalle emozioni, conduce a quell'*autoritarismo* del *padre tutto d'un pezzo*, che dell'armatura non riesce più a fare a meno.

Ettore è il simbolo di un padre ancora moderno: non basta dare la vita biologica al figlio, ma si deve poterlo e saperlo proiettare verso il futuro e verso il mondo sociale.

Ulisse, raffrontato con gli dei e i semidei dell'Iliade, appare come il prototipo dell'uomo moderno, con le sue imperfezioni e le sue ambivalenze: egli è psicologicamente complesso e contraddittorio, interessato al risultato e non al gesto eroico e nobile. Egli è attuale soprattutto in quanto capace di mediare i suoi impulsi. Il suo progetto nell'Odissea è quello di ritornare a casa, e in questo progetto è capace di autoeducazione: egli alla fine vince il suo oscillare tra il *desiderio di avventura* (la sua personalità giovanile, quindi pre-paterna) e *la nostalgia per il ritorno* (la personalità paterna). Il *programma* prevale sulla *pulsione*. Ulisse per tornare dalla moglie Penelope, e dal figlio Telemaco, volta le spalle all'avventura e alle donne ideali, retaggio delle fantasie maschili adolescenziali, come Calipso. Giunto a Itaca, ritrova la famiglia e la terra dei suoi padri.

Speculare alla figura di Ulisse, è quella del figlio Telemaco. Nei primi libri dell'Odissea, detti della 'Telemachia', egli è un figlio orfano di padre fin dalla più tenera età, guidato da figure maschili nelle quali si incarna Atena; il suo viaggio dalla madre Penelope verso il padre Ulisse, è il suo e il nostro percorso da bambino a uomo. Egli non può trovare il padre nei Proci, eterni bambini tesi a gozzovigliare e a attendere la scelta della regina, simbolo stesso della regressione dell'uomo alla pre-civiltà; egli diventa uomo quando, riconosciuto il padre ritornato, controlla il suo impulso a difendere Ulisse e segue la direzione datagli da quest'ultimo. Ulisse riprende e ancora una volta domina l'arco che era stato suo, e con esso ristabilisce l'ordine nel suo regno e nella sua famiglia.

***Ulisse è il padre, l'arco che lancia, e Telemaco è la freccia che vola verso la maturità*.**

Il viaggio di Ulisse ripercorre in sostanza:

a. la *filogenesi*: l'andare e ritornare che ha reso padre l'Homo Sapiens,
b. l'*ontogenesi*: il divenire uomo del giovane.

Dobbiamo a Omero, chiunque egli fosse, due personaggi che riassumono l'immagine paterna occidentale:

1. Ettore è il *padre ideale,* il padre come vorremmo che fosse e come vorremmo essere, forte ma capace di liberarsi della sua corazza,
2. Ulisse è il divenire padre dell'uomo reale, al termine di un viaggio lungo e irto di contraddizioni.

Nell'antica Roma si delinea, attraverso la Legge del Diritto, quel nucleo psicologico della paternità che oggi nessuno dovrebbe sottovalutare, pena un'ulteriore lacerazione tra mode ideali e archetipi profondi.

Il padre romano deve pubblicamente affermare la propria *volontà* di assumere il figlio biologico come *figlio sociale*: la *paternità è un atto di adozione*, un fatto psicologico e culturale, che si deve costruire e rinnovare per tutto lo sviluppo del rapporto padre-figlio. Dalla cultura romana, e dalla successiva evoluzione cristiana, si crea la paternità come coscienza e istituzione.

Quello che rappresentarono per l'antica Grecia l'Iliade e l'Odissea, fu l'Eneide per l'antica Roma. Assistiamo, attraverso le generazioni dei padri, al nascere delle premesse che hanno condotto alla nascita del padre romano. La dea Afrodite seduce Anchise, e nasce Enea, che sarà allevato dalle ninfe. Dal potere di una dea, uno dei simboli di quel potente matriarcato arcaico che aveva terrorizzato inconsciamente la cultura greca, nasce quell'Enea che, tramite il figlio Ascanio fondatore di Alba, si porrà all'origine della civiltà romana. L'Eneide è poema dell'*amore paterno*, del padre che pensa incessantemente alla salvezza e al futuro del figlio e della sua gente. In una continuità storica e psicologica tra cultura greca e romana, Ettore affida a Enea i Penati, divinità che governavano la casa e la città. Il *poenus* era il posto più protetto della casa, luogo di custodia delle divinità che proteggevano la casa e lo stato; a Roma rappresentavano la continuità generazionale, elevando il maschio a padre. Anche Enea, come Ettore prima e Ulisse poi, lotta costantemente tra i suoi impulsi di maschio verso la lotta istintiva, e la sua costruzione paterna per la salvezza e la custodia del futuro. Enea, fuggendo da Troia, porta con sé il vecchio padre Anchise sulle spalle, tenendo il figlioletto Ascanio per la mano: una verticalità che rappresenta il seme profondo della paternità come dinamica generazionale. Allontanandosi dalla battaglia, e dalla sua istintività maschile, si avvia verso la paternità come senso di responsabilità per il futuro della propria stirpe.

Il *padre romano* si pone quindi come epicentro del'ordine sociale, autorità che riconosce il proprio figlio con un atto pubblico, e che manterrà per tutta la vita diritto di vita e di morte: egli solleva il figlio in pubblico, ripetendo, in continuità con la cultura greca, il *gesto di Ettore*. Ancora una volta, analogamente a come avvenne nei tempi preistorici, la paternità è un atto di volontà, un fatto culturale e non biologico.

È con il Cristianesimo che si realizzano delle modifiche successive alla cultura e all'ordinamento romano. Gesù comincia a far vacillare il patriarcato greco-romano, con i suoi principi di egualitarismo e antiautoritarismo, anticipando le rivoluzioni occidentali degli ultimi tre secoli.

Il *paterfamilias* romano, comincia la sua lenta decadenza psicologica, sottesa e nascosta dalla forza della famiglia nucleare, in crisi evidente solo negli ultimi decenni.

Questo indebolimento è maggiore nella cultura cattolica, nella quale, a un trasferimento nel divino dell'autorità paterna, corrisponde un aumento di autorevolezza del femminile tramite il culto crescente di Maria; è nei luoghi della Riforma Protestante che rimane più forte l'immagine paterna.

Sarà con l'Illuminismo che la figura del padre avrà un ulteriore perdita di credibilità, soprattutto a causa dell'opera di due suoi grandi pensatori. Voltaire lotterà per disconoscere il proprio padre, rovesciando quindi il rito romano di adozione del figlio, mentre Rousseau, orfano di madre alla nascita, rifiutò l'amore del padre affidando a degli orfanatrofi i propri cinque figli. Rousseau rinnega il padre romano, padre sociale ma anche educatore del proprio figlio, per tornare al padre greco che sceglieva un tutore per il figlio: l'educazione viene affidata a terzi, ponendo le basi per la futura educazione scolastica. La Rivoluzione Francese sottrae l'educazione dei figli al padre affidandola allo Stato: il *maestro* sostituisce il padre.

La Rivoluzione Industriale sottrae un ulteriore fetta di autorità educativa al padre, che in passato insegnava il proprio mestiere al figlio: con l'industrializzazione, i padri vengono allontanati dalla famiglia. In Inghilterra donne e figli vengono reclutati per l'industria tessile, aumentando la lontananza tra padri e figli.

Negli Stati Uniti, il padre diventa un *breadwinner*, un cacciatore di reddito, sempre più assente agli occhi del figlio.

Tra il XIX e il XX secolo, si configura il cosiddetto *padre indegno*, sradicato dalla famiglia e spesso alcolista, assente e fonte di vergogna per i figli: l'ordine paterno viene sempre più sostituito dallo Stato con l'istruzione obbligatoria. Il fenomeno aumenta geometricamente con le due guerre mondiali, con milioni di bambini che perdono il padre, ma che, cresciuti, ne minano anche la credibilità a seguito della Rivoluzione Russa e di vari movimenti antiautoritari. Quando i padri tornano da reduci, questa volta trovano rancore e diffidenza: Ulisse non viene riconosciuto come una volta. Mentre in passato il padre tornava dalla guerra come un *eroe*, questa volta torna da *padre indegno*, demolito da figli che ne contestano l'autorevolezza per avere ubbidito a ideali militari non più condivisi. Si crea una enorme *nostalgia* dell'autorità paterna, ben presto sfruttata da dittature, a partire dal nostro fascismo, le quali si ponevano apparentemente come recupero dell'immagine paterna classica con il loro culto del dovere e dell'ordine, in realtà come sua distruzione in quanto fautrici di un maschilismo arcaico e preda di istinti distruttivi: il maschio torna predatore e fecondatore, e i figli tornano a essere *affare di donne*.

Se questo diventa, in Europa e in Italia, il recupero dell'ideale paterno, diventa chiaro come e perché i movimenti antiautoritari si caratterizzino come antipaterni, contrari all'eccesso di autoritarismo e di paternalismo dei vari fascismi. Il crollo del fascismo darà nuova linfa al discredito della già indebolita immagine del padre.

La situazione attuale non può non risentire di una crisi dell'identità paterna che dura da molti secoli, e che ha avuto un'accelerazione negli ultimi due.

L'allontanamento dei figli dal padre ha portato quest'ultimo ha dare sempre più denaro e sempre meno tempo, spesso pochi minuti al giorno. Il ruolo del padre, nato su base culturale, è oggetto di *insegnamento*, frutto della tradizione (Mead, 1992), e questo come logica conseguenza della nascita del padre come costruzione mentale e sociale. L'attuale *assenza del padre*, anche se da alcuni negata, da molti è considerata causa primaria di molti dei disturbi dello sviluppo infantile e giovanile, a partire dall'esplosivo aumento della delinquenza giovanile.

L'assenza di una identità paterna chiara e credibile si ripercuote sulla generazione successiva, e non può certo essere ovviata da stili effimeri, ideologizzati e che ancora non trovano riscontro in strutture profonde.

Attualmente, secondo molti autori, impera un circolo vizioso creato dalle aspettative ambivalenti (il *paradosso del padre*) verso un padre accusato di essere assente, ma che, non potendo rispondere coerentemente all'ambivalenza delle aspettative, sarà ulteriormente criticato e indebolito.

5. Padre e figlio: nascere e crescere insieme

In questo capitolo scopriremo, commentando le varie fasi del rapporto che si instaura, o si dovrebbe poter instaurare tra un padre e un figlio, quella circolarità che può rendere la paternità l'esperienza definitiva del divenire adulto per un maschio: tra padre e figlio ci sarà un *reciproco influenzamento*, attraverso il quale ognuno dei due attraverserà le proprie fasi per diventare un uomo.

Per poter davvero comprendere il figlio, il padre deve entrare in contatto con parti emotive di sé, che si è 'abituato' a ignorare per i vari condizionamenti culturali del *codice virile*: il loro riemergere delle quali può creare un conflitto con l'immagine sociale di cosa è un *vero uomo*.

L'esempio più lampante è quello della fase adolescenziale: un padre potrà comprendere appieno il lacerante conflitto che il figlio adolescente avverte tra il *separarsi-differenziarsi e il fare parte-connettersi*, solo se rivive dentro di sé la stessa conflittualità con i propri genitori. Questa è la vera essenza, la croce e la delizia del rapporto tra un padre e un figlio.

A ogni fase di sviluppo del figlio, corrisponderà una analoga crescita psicologica del padre. La paternità diventa una occasione per chiudere dei sospesi emotivi con la propria infanzia, in altre parole del legame con i propri genitori, giungendo a ulteriori cambiamenti psicofisici e morali.

Alla fine di questo processo, il maschio, nella paternità, deve riuscire ad accettare quegli aspetti di sé che la società tende a definire *femminili*. Come da molti sottolineato, in questo senso il 'lavoro' del padre è assimilabile a quello dell'analista con i suoi pazienti.

La paternità darà all'uomo diverse possibilità da cogliere:

a. quella di rompere la *coazione a ripetere* di tratti maschili interiorizzati da generazioni, diventando consapevole dei tratti paterni negativi che aveva fatto suoi,
b. aumentare la propria empatia e la disponibilità verso gli altri, aiutando la madre a contenere le proprie ansie di separazione e l'invidia per l'ingresso del bambino nel mondo dei maschi,
c. rafforzare in se stesso e fornire al figlio un senso dell'eredità tra maschi e del legame intergenerazionale,
d. riconoscere e trasmettere il senso di unicità del maschio.

La *nascita psicologica di un padre* si realizza attraverso tre passi indispensabili:

1. l'assistere al parto, come esperienza emotiva speciale e inconsciamente temibile,
2. l'esperienza dell'*engrossment* nel periodo del post-partum,
3. il fenomeno detto della *grandiosità adattativa*.

Quest'ultimo consiste nella proiezione sul bambino del proprio *ideale di sé*, un narcisismo al servizio del legame.

La paternità, se condotta in modo responsabile, autocritico e consapevole, rende il padre:

a. emozionalmente più disponibile,
b. mentalmente più aperto,
c. più flessibile nel giudizio e nelle scelte,
d. più sereno verso la vita in genere.

Tra un padre e un figlio la *crescita è reciproca*: ambedue si influenzano a vicenda, consentendosi di crescere nel loro potenziale. La paternità è considerata frutto di una sintesi tra *istinto* e *apprendimento*. Il legame con il figlio va coltivato, attraverso due strade principali:

a. il coinvolgimento in attività condivise,
b. la partecipazione alla vita emotiva dl bambino.

Quest'ultima, meno praticata della prima nei padri delle generazioni precedenti, richiede un'attenzione alla propria vita soggettiva, fatta di impulsi, emozioni, desideri.

L'aspirazione sarà quella del *padre sufficientemente buono* (analogo alla 'madre sufficientemente buona' di Winnicott), un padre che sia abbastanza vicino alla vita psicologica del figlio da promuoverne la crescita, ma non tanto da soffocarne l'individualità. Un tale padre guida il figlio nel regolare le proprie emozioni senza sfalsarle; lo aiuta a crescere nei momenti di difficoltà, senza sostituirsi a lui; richiede al bambino e a se stesso solo ciò che è giusto e realistico richiedere; aiuta il figlio ad accettare la sua vulnerabilità mostrandogli che accetta la propria.

L'assenza del 'padre sufficientemente buono' avrà conseguenza a ogni tappa evolutiva del bambino, e sicuramente indurrà il fenomeno della *father hunger*.

Nella seguente tabella riassumiamo i particolari momenti di crescita che può realizzare un padre in corrispondenza delle varie fasi evolutive del figlio.

FASE EVOLUTIVA	FUNZIONE PATERNA	CRESCITA PATERNA
Prima infanzia	Guardiano della diade madre-figlio/presenza protettiva	Ridefinizione del senso di mascolinità
Seconda infanzia	Distacco dalla madre/essere 'terzo'	Riconoscimento empatico dell'altro
Anni prescolari	Approvazione/modellamento	Senso di responsabilità e autorevolezza
Conflitto edipico	Limite nella rivalità/competitore sano	Gestione di emozioni difficili (rivalità, gelosia, invidia)
Scolarizzazione/media infanzia	Tutoring/ mentore	Abilità a insegnare/guidare
Adolescenza	Eroe/contenimento della ribellione	Equilibrio emozionale
Giovinezza	Presenza disponibile/eroe decaduto	Saper lasciare andare
Maturità /paternità	Confronto paritario	Accettazione della propria morte

Il primo tema da trattare in tal senso, è quella interna del *diventare padre*: un'esperienza che solo da pochi anni è stata sviluppata nella letteratura psicologica con l'ampiezza che merita.

Nel vissuto del divenire padre, un uomo riattraverserà diverse fasi del suo *essere stato figlio*, dalle esperienze precoci con la propria madre per arrivare a quelle successive con il proprio padre.

Solo da pochi decenni si è messo in evidenza come il padre, sin dalla nascita del figlio, viva delle profonde trasformazioni della personalità, a seguito di quel fenomeno primario che Grossman (1970) ha definito *'engrossment'*: un senso profondo di assorbimento e di monopolizzazione dall'esistenza del neonato, che è stato paragonato alla *preoccupazione materna primaria* di Winnicott.

Si tratta, in sostanza, di uno stato alterato di coscienza, caratterizzato dal sentirsi completamente assorbito dal neonato, con una sensazione di ampliamento percettivo; il padre raggiunge una *sincronicità bioritmica*, simile all'empatia della madre. Questo fenomeno è stato descritto anche in ragazzi che si prendono cura di fratellini o di piccoli animali.

Nel processo di 'engrossment' si manifesta quello che molti considerano un vero e proprio *istinto paterno*, chiamato anche da alcuni *paternità genuina*.

Il divenire padre viene a tutti gli effetti considerata una vera e propria *crisi adattativa*, che è caratterizzata da una serie di 'sintomi' e 'segni':

1. sentimenti di incertezza sul proprio stile di padre,
2. cambiamenti vari con la propria moglie e con la famiglia d'origine,
3. un'invidia verso la capacità generativa femminile,
4. possibili fughe (lavoro, tradimenti, episodi omosessuali),
5. un riemergere di sentimenti edipici, ossia di rivalità e gelosia verso il nascituro,
6. una regressione a bisogni e a conflitti infantili, anche pre-edipici, sia verso la madre che verso il padre,
7. una forte crisi d'identità sessuale, causata da una identificazione femminile con la madre e quindi dalla difesa contro di essa,
8. una aumentata ricerca del proprio padre,
9. un conflitto tra la limitazione al proprio narcisismo e la tendenza onnipotente verso un senso di immortalità,

10. un faticoso lavoro di integrazione tra la rappresentazione di sé come figlio e quella di sé come padre.

Sia la gravidanza che il parto costituiscono potenti stimoli psicologici, e gli esiti possono andare da un buon adattamento alla nuova famiglia, e all'opposto a scompensi che possono arrivare ad assomigliare alle psicosi post-partum della madre.

Il padre non solo influenza la gravidanza, ma ne è profondamente influenzato. Egli sarà essenziale come 'delegato' della madre nei confronti del mondo e nella gestione delle ansie emozionali della sua donna; tutto ciò lo potrà maturare nel suo senso di responsabilità e nella capacità di intimità con il mondo femminile.

Il padre in attesa è in qualche modo vittima di un vero e proprio *doppio legame* (Diamond, 2007), ossia di due messaggi in contraddizione tra di loro:

a. da una parte l'incoraggiamento sociale a partecipare pienamente alla gravidanza e al parto,
b. dall'altra, l'essere considerato comunque un outsider, che deve tenere per sé le sue emozioni più sottili e complesse.

Deve essere il padre stesso, ad avere ben chiaro dentro di sé che il suo ruolo è fondamentale, e può farlo attingendo alla propria *creatività*, per ritrovare in quella nascita qualcosa di personale, ad esempio costruendo qualcosa per il neonato, un giocattolo o la culla.

La nascita del bambino produce una emotività, coscia e inconscia, ricca e conflittuale: si va dall'orgoglio per la propria confermata virilità, alla gioia per una nuova vita relazionale ed emotiva, alla riattivazione di sentimenti infantili di rivalità fraterni e alla percezione di una limitazione delle proprie opportunità di vita.

Sia il feto che il neonato rappresentano un *oggetto transferale*, ossia una sorta di schermo bianco sul quale il padre proietterà le proprie fantasie e desideri, ma anche le proprie frustrazioni.

Situazioni che possono ulteriormente rendere più complesso il transfert sono quelle di adozione e di inseminazione artificiale, ma anche quelle di semplice difficoltà nel concepire.

Ogni padre detiene, a livello conscio ma soprattutto inconscio, una serie di concezioni sul tema principale che la vita gli pone davanti: *"Che cosa è un bambino?"*.

Come il padre lo immagina, come lo desidera, e anche in che cosa lo teme?

Un bambino, soprattutto un neonato, è:

a. Fragile?

b. Pesante?

c. Misterioso?

d. Un misto di tutto ciò?

Certamente oggi i padri sono meno timorosi di quelli di una volta, soprattutto rispetto alle caratteristiche fisiche e istintive del bambino piccolo, e questo riduce le ansie, soprattutto se il padre è stato figlio di un padre già a suo agio con la fisicità della piccola creatura.

Un elemento da non sottovalutare, ancora oggi, è quello del bisogno narcisistico che ha iscritto inconsciamente, ma non troppo, il maschio nel trasmettere il proprio nome nella specie.

La capacità del maschio nel prendersi cura del bambino dipende primariamente:

a. dalle sue stesse esperienze infantili,

b. dalle condizioni socio-culturali nelle quali agisce.

Gli uomini, seppure nell'incertezza, stanno compiendo grandi passi in avanti: se il XX secolo è stato quello dell'emancipazione femminile, il XXI può essere quello che realizza il desiderio degli uomini di fare i padri 'da vicino'.

Del resto, come allora molti erano diffidenti verso le aspirazioni femminili verso il lavoro, oggi lo possono essere verso gli aspiranti 'nuovi padri'.

Durante i primi mesi di vita del bambino, il padre dovrà esaudire il bisogno più antico e archetipico che l'umanità gli ha attribuito, quello di essere protetti e resi sicuri: è la figura del *padre-guardiano*, quello che meglio corrisponde all'*uomo vero*, presente in tutte le culture di tutte le latitudini. È l'uomo che 'protegge e provvede', nella funzione che è presente anche in molte specie di mammiferi (dal pinguino al leone marino, dal lupo al castoro). Egli assicura un ambiente sicuro sia fisico che emotivo, consentendo alla madre di concentrarsi sulle cure primarie del bambino; questo *holding paterno* consente il realizzarsi della *preoccupazione materna primaria*, indispensabile per il primo strutturarsi dell'Io del bambino. Questa funzione del 'padre-guardiano' si rinnoverà nelle successive fasi di indipendenza del figlio, portandolo a costruire un *senso interno di protezione*. La carenza di questa holding paterna porterà alla *father hunger*, che, se nata in epoca precoce, renderà il bambino più suscettibile, tra l'altro, ad abusi infantili e a comportamenti incestuosi e di tipo abbandonico una volta diventato adulto.

La difficoltà principale che incontra l'uomo nell'esercitare questa funzione, deriva dalla necessità di combattere i propri bisogni egoistici ma, soprattutto, la convinzione culturalmente indotta che un maschio è tale durante *l'azione e la produzione*, mentre la vita emotiva è confusa con la *passività*. In questa fase, una vota condotta con successo, l'uomo impara che *il bisogno relazionale è primario*, svincolandosi così dalla rigidità del *codice virile*.

Nel periodo tra il 18° e il 36° mese di sviluppo del bambino, il padre fungerà da *second other*, figura alternativa alla madre, che permetterà al figlio di staccarsi dalla simbiosi materna, nel suo percorso di *separazione* e di *individuazione* come *individuo e maschio*. Il padre incoraggia il bambino a *lasciare il 'nido'* attraverso l'attività di gioco 'maschile', vigoroso e rumoroso; l'energia del padre risulterà per il bambino *centrifuga* rispetto a quella *centripeta* della madre.

Il bambino, angosciato dalla sua *diversità fisica* dalla madre, verrà rassicurato dalla *somiglianza fisica* con il padre, con il quale si identificherà. Il bambino scoprirà il padre come *terzo* rispetto alla madre, e con lui metterà in moto meccanismi di identificazione e di imitazione.

Il *gioco maschile* merita un approfondimento a parte. Le attività che il bambino gode fare con il padre, la lotta e il solletico, gli inseguimenti e via dicendo, lo aiutano sia a prendere confidenza con il proprio corpo e la propria aggressività, che a godere senza paura del contatto fisico tra maschi. Il padre, a sua volta, riscoprirà la magia di quegli anni. Se il padre non corrisponde sufficientemente a questo naturale desiderio del bambino, quest'ultimo tenderà a regredire verso la madre.

Nel contempo, il bambino potrà scoprire anche i propri limiti, regolando così l'onnipotenza infantile.

Tra il 3° e il 6° anno, il padre comincia a guidare il figlio verso il mondo degli uomini: è la fase della *rivalità edipica*, durante la quale il bambino prende confidenza ulteriormente con i propri impulsi aggressivi e competitivi, differenziandosi ancora dalla madre. Il padre deve riconoscere il riemergere dei propri antichi sentimenti di rivalità, in modo da regolare in modo costruttivo l'aggressività propria e del bambino, facendogli da guida. È una fase fondamentale per lo sviluppo dell'*identità di genere*: il bambino godrà nel guardare il padre farsi la barba, e a imparare a fare la pipì in piedi! Tuttavia, se la pressione, familiare e sociale, ad abbandonare troppo bruscamente il legame con la madre prevale, il bambino potrà ricavare dall'imitazione del padre un riparo dalla *vergogna* per i sentimenti di paura ad abbandonare la madre, e cadrà così nel rischio di *fallicismo*, una caricatura del diventare maschio, un senso rigido della virilità con l'incapacità di ammettere qualunque senso di fragilità e di bisogno.

Nella *vera mascolinità*, l'individuo integra gli aspetti maschili e femminili della propria personalità, e questo gli permette di sperimentare un senso di rispetto per le donne.

Tra il 6° e il 12° anno, il ragazzino entra in una *fase di latenza*, durante la quale, la sublimazione dei violenti sentimenti sessuali del periodo edipico precedente, lo conduce a sviluppare soprattutto abilità cognitive legate al pensiero logico-astratto. I suoi interessi e la sua produttività sono anche tese a ottenere l'approvazione del padre. È un periodo di ulteriore allontanamento dalla figura materna, vedi i gruppi di maschi che escludono le femmine, e di avvicinamento alla figura paterna.

Il padre sarà essenziale per lo sviluppo di un *ideale realistico di sé*, tramite il riconoscimento dei propri errori e dei propri limiti. In questo periodo la funzione del padre si avvicina molto a quella di Dedalo: insegnare al figlio a mantenersi tra gli estremi delle proprie pulsioni. Il ragazzo guarderà al padre per imparare a mettere ordine nel proprio mondo, intellettivo ed emotivo. L'apprendimento tra padre e figlio continua a essere reciproco: il primo imparerà ancora a padroneggiare le proprie emozioni e a riscoprire l'aspetto ludico, tramite lo sport e le attività fisiche.

La guida del padre è essenziale affinché il ragazzo continui a sublimare costruttivamente la propria aggressività. Il film *Il Signore delle Mosche* illustra teatralmente gli effetti che può avere, in questo periodo, l'assenza di una figura paterna.

Si arriva così alla 'terribile' adolescenza, un vero e proprio *ottovolante emotivo*. L'adolescente deve finire di individuarsi dai legami familiari, e a questo punto distaccarsi anche da padre.

Il senso di perdita dei genitori è tremendo, e l'adolescente si sente soverchiato dalla espressioni interne ed esterne a diventare autonomo. La precedente idealizzazione del padre viene sottoposta a critica, anche in modo violento, passando a una fase di svalutazione estrema. Il padre dovrà essere in grado, sottoposto come sarà all'aggressività demolitiva del figlio, a mantenere una empatia e un supporto, che possono ancora una volta derivare solo dall'accettazione consapevole di avere avuto vissuti similari verso il proprio padre. Il ragazzo avrà particolare bisogno che il padre continui a essere presente di fronte alle sue regressioni, come il ritorno di desideri edipici verso la madre o anche una sorella, e come il particolare bisogno di vicinanza affettiva con i coetanei che potrebbero portare a una *omofobia*, ossia la paura di essere omosessuale. Per il padre sarà impegnativo accettare la propria immagine riflessa di *eroe caduto*, e questo lo porterà ad accettare ancora meglio i propri limiti. I limiti che vanno posti a fronte delle sfide e delle provocazioni del figlio, devono comunque essere ragionevoli e non autoritari, stimolando la discussione e la ricerca di soluzioni, sempre nella considerazione di quanto il ragazzo prova. L'aggressività ostile e la colpevolizzazione spingeranno l'adolescente verso nuove sfide più estreme, e verso discutibili figure sostitutive.

La svalutazione che l'adolescente vive ed esprime verso il padre, serve a incanalare la propria aggressività, causata dalla percezione della propria confusione; tanto meno viene contenuta dal padre, tanto più il ragazzo si rivolgerà al gruppo di pari o ad adulti sostitutivi.

L'adolescente sottopone a test i limiti del padre, anche provocando, e il padre avrà un occasione per rivivere il conflitto con il proprio di padre, e alla fine riconciliarsi con lui.

Sia il padre che il figlio dovranno affrontare un *sentimento di lutto*: il primo per la perdita della propria gioventù, il secondo per la perdita del padre idealizzato che lo proteggeva da tutto.

Giunto alla giovinezza, il ragazzo, giovane uomo, avrà la sua *terza individuazione*, successiva a quella avvenuta tra il 18° e il 36° mese, e alla fase adolescenziale. Le mete sono l'autonomia completa dalla famiglia, il trovare il suo posto nel mondo, e creare relazioni affettive autonome e durature. Il figlio ha ancora bisogno dell'approvazione del padre, ma in un modo definitivo, da uomo, in altre parole dovrà sentirsi lui l'*eroe*, e il padre lo dovrà riconoscere in tal senso. Il giovane uomo ha il suo *sogno personale* nel mondo, e vorrà che il padre gli rimanga a fianco ammirandolo come lo era stato a sua volta quando il figlio era piccolo.

La relazione tra padre e figlio diventa un *rapporto da uomo a uomo* verso i 30 anni, e questa epoca è descritta in modo poetico da un proverbio Yiddish: *"Quando un padre dà a un figlio entrambi ridono, quando un figlio da a un padre entrambi piangono"*.

La relazione, che aveva attraversato tante fasi complesse e contraddittorie, viene reciprocamente rielaborata e conduce a una *riconciliazione*, attraverso una accettazione dell'importanza che l'uno ha avuto per l'altro. Ambedue accettano di avere perduto irrimediabilmente qualcosa: il padre perde il figlio piccolo, il figlio perde il padre forte e potente. Il figlio percorrerà le tappe già indicate dal padre, anche attraverso una propria paternità, il padre dovrà coinvolgersi in nuove mete, che siano commisurate alla nuova accettazione della sua mortalità.

La circolarità del rapporto tra padre e figlio si compie in un percorso generazionale, che tutti noi abbiamo ereditato dai nostri genitori e progenitori.

Si rafforza un continuum tra giovane e vecchio, tra attivo e passivo, tra dipendente e indipendente che rende ancora oggi la paternità una strada che completa il senso di mascolinità così come avveniva ai tempi di Ettore, di Ulisse e di Enea.

Conclusioni

Abbiamo spaziato tra diverse tematiche legate alla figura paterna: psicologiche ed economiche, antropologiche e giuridiche. Questo per dare al lettore una visione d'insieme su un argomento, quello del rapporto tra padre e figlio, assolutamente sottovalutato in letteratura rispetto a quello del rapporto madre-figlio.

È stato considerato come la frenetica revisione dei ruoli maschili e femminile, abbiano inevitabilmente influenzato quelli del padre e della madre; questo mutamento epocale ha ulteriormente complicato il fenomeno psicologico della paternità, intesa come passaggio di tipo rivoluzionario nell'esistenza di un uomo.

La potente riemersione del potere femminile nella società ha contestato la vecchia distribuzione del potere nella famiglia, rimescolando un equilibrio che durava da secoli, ma che poneva le sue radici nella lontana alba dell'umanità. Nelle società primitive, non era (ri)conosciuta la partecipazione biologica del maschio alla procreazione, per cui era inarrivabile la supremazia femminile nel dare la vita; la reazione inconscia del genere maschile fu quella di una costruzione sociale della paternità, con successiva marginalizzazione della madre, fino agli stereotipi ottocenteschi del padre *breadwinner* e della donna *angelo del focolare*.

Nel corso di questo saggio per motivi sia di ampiezza, che di chiarezza nell'esporre concetti altrimenti già di per sé ambigui, si è dovuto anche accentuare e ridondare: mi auguro che l'"effetto chiarezza" sia stato sufficientemente centrato.

Ora è il momento di sfumare alcune idee per ovviare al rischio conseguente di averle forse esasperate ed estremizzate.

Assodata l'avvenuta *morte del padre*, diciamo anche che da essa può e deve rinascere con beneficio di tutti un nuovo *ideale di padre*. Badiamo bene: non un altro padre ideale!

Dal senso di *orfanezza* che la società vive da decenni rispetto a riferimenti prima sicuri ma ora inadeguati, deve svilupparsi la figura di un padre premuroso e flessibile, che sappia rivivere il proprio ruolo maschile:

a. senza *complessi d'inferiorità* nei confronti del ruolo materno,
b. senza *nostalgie* per le antiche forme di virilità,
c. con una vera *corresponsabilità* nella gestione familiare,
d. con un recupero spontaneo delle *relazioni affettive primarie*,
e. senza timore di mantenere il suo ruolo di *guida maschile primaria*.

Padri non si nasce, la competenza nella paternità non risiede nel DNA, bensì nella *scelta* di costruire un rapporto affettivo di responsabilità.

I padri devono confrontarsi con un doppio livello non facilmente gestibile:

a. una diffusa e lamentata assenza di *autorità paterna*,
b. l'esplicita predilezione da parte dei figli per un genitore scherzoso e giocoso.

Quindi un *papà amico*, che, al momento opportuno, sappia anche porre dei limiti: fonte quindi di tenerezza da una parte e di sicurezza dall'altra.

Un uomo oggi, per aspirare a diventare un buon padre, deve prima abbandonare tratti in precedenza esaltati come virili, e successivamente recuperare in sé caratteristiche considerate a lungo 'femminili'.

La trasmissione di valori morali che ancora oggi si richiede al ruolo paterno, deve tuttavia avvenire non per autorità, bensì attraverso la coerenza di una testimonianza.

In questo senso rimane essenziale la definizione dell'identità paterna in unione con l'identità materna: essere padri significa essere riconosciuti come tali dalla madre, e dal figlio all'interno del rapporto con la madre.

Sarebbe essenziale tornare a ridiscutere del ruolo paterno a partire dalle esigenze psicologiche di figli innanzitutto.

Rispetto all'annoso dibattito sulle *regole*, ricordiamo come il bambino inizi a costruirsi in modo spontaneo delle regole attraverso il gioco: questo avviene già verso i 4 o 5 anni, e a quell'età è facilmente osservabile come i bambini siano fermi nel rispetto delle regole e nel rifiuto di chi bara.

Il gioco è costruzione di regole e di ruoli, sviluppo di fantasia e creatività, rinsaldamento della capacità di stare con gli altri. Attraverso di esso, il bambino impara a dare significati alle cose, a scoprire se stesso, le proprie risorse e i propri limiti.

Nel gioco il padre può concretamente e simbolicamente esercitare la propria funzione paterna, ricordandosi di:

a. lasciare esercitare al bambino la propria *creatività*,
b. non imporre al figlio i propri contenuti e desideri,
c. non dare la precedenza ai risultati,
d. non invadere lo spazio di gioco prematuramente, e coinvolgersi su richiesta del figlio.

È importante che il padre riesca a essere autentico, giochi davvero per divertirsi, e sappia dire anche 'non ho voglia', magari aiutando il figlio a costruirsi spazi autonomi di gioco, da solo o con altri. Fonte di maturazione sarà il padre che chiede al figlio cosa voglia fare, che lo ascolta nelle proprie necessità e nelle esitazioni.

L'ideale sarebbe che il padre, giocando con il figlio, recuperi in se stesso quella capacità di stupirsi e godere che vedrà negli occhi del bambino.

Fare bene il padre significa, alla fine, dare spazio alla figura paterna che si ha dentro, ritrovandola e rielaborandola se necessario. Chi vuole diventare un *padre sufficientemente buono* dovrà confrontarsi con la propria esperienza di figlio e quindi con il proprio padre, arrivando a provare due sentimenti:

a. la *gratitudine* per quanto di buono il padre ha dato,
b. il *perdono* per quanto non è stato in grado di fare.

Bibliografia

Abelin E.L. (1971), "The role of the father in the separation-individuation process", in J.B. Mc Devitt and C.F. Settlage, *Separation-Individuation: essays in honor of Margaret S. Mahler*, International Press, New York, pp. 229-252.

Akhtar S., Parens H. (2004), *Real and imaginary fathers*, Jason Aronson, New York.

Argentieri S. (1999), *Il padre materno*, Meltemi, Roma.

Baldassarre I. (2006), *C'è anche il papà*, Erickson, Gardolo, Trento.

Belletti F. (2003), *Essere padri*, San Paolo, Milano.

Bly R. (2000), *La società degli eterni adolescenti*, Red Edizioni, Como.

Blos P. (1985), *Son and father: before and beyond the Oedipus Complex*, The Free Press, New York.

Diamond J.M. (2007), *My father before me. How fathers and son influence each others throughout their lives*, W.W. Norton and Company, New York

Faber A., Mazlish E. (2007), *Che cosa pensa tuo figlio*, Sperling e Kupfer, Milano.

Galimberti U. (1999), *Psicologia*, Garzanti, Milano.

Gebauer K. (2006), *Padre cercasi*, Edizioni Magi, Roma.

Giovannini D. (1998), *Representational processes and social practices as function of gender and group membership: the case of the fatherhood image*. Paper presented at international conference "Theories of mind and representational processes", Trento, 3-25 marzo.

Giusti E., Fusco L. (2002), *Uomini. Psicologia e psicoterapia della virilità*, Sovera, Roma.

Greenberg M. (1970), "Engrossment: the newborn's impact upon the father", in *American Journal of orthopsychiatry*, 44, pp. 520-31.

Herzog J.M. (2001), *Father hunger*, Analytic Press, Hillsdale, New York.

Kelly J.B. (1991), "Parent interaction after divorce: comparison of mediated and adversial processes", in *Behavioral Sciences and Law*, 9, pp. 397-98.

Lamb M.E. (1987), *The father's role: cross-cultural perspectives*, Hillsdale, New York.
Le Carrè J. (2006), *Ronnie, mio padre*, Mondadori, Milano.
Mead M. (1992), *Maschio e femmina*, Il Saggiatore, Milano.
Meghnagi D.F. (1997), *Il padre e la legge. Freud e l'ebraismo*, Marsilio, Venezia.
Mitscherlich A. (1970), *Verso una società senza padre*, Feltrinelli, Milano.
Nicolosi J. (2002), *Omosessualità maschile: un nuovo approccio*, Sugarco, Milano.
Novellino M. (1996), *La sindrome di Pinocchio*, FrancoAngeli, Milano.
Novellino M. (2003), *La sindrome dell'Uomo Mascherato*, FrancoAngeli, Milano.
Novellino M. (2005), *La sindrome di Don Giovanni,* FrancoAngeli, Milano.
Novellino M. (2007), *Viaggiando con Frodo*, Armando, Roma.
Petrone L., Troiano M. (2008), *Bullismo. Prevenirlo e sconfiggerlo*, Riza Scienze, Milano.
Pietropolli Charmet G. (1995), *Un nuovo padre. Il rapporto padre-figlio nell'adolescenza*, FrancoAngeli, Milano.
Pollack W. (2000), *Ragazzi veri. Salviamo i nostri figli dai falsi miti maschili*, Pratiche ed., Milano.
Procentese F. (2005), *Padri in divenire. Nuove sfide per i legami familiari,* FrancoAngeli, Milano.
Pruett K.D. (2000), *Fatherneed: why fathercare is as essential as mothercare for your child*, Free Press, New York.
Risè C. (1998), *Da uomo a uomo. Maschi che scrivono allo psicoanalista,* Sperling e Kupfer, Milano.
Risè C. (2003), *Il padre. Assente inaccettabile*, San Paolo, Milano.
Risè C. (2004), *Il mestiere di padre*, San Paolo, Milano.
Ross J. (1994), *What men want: mothers, fathers and manhood,* Harvard University Press, Cambridge, MA.
Salzman M., Matathia I., o' Reilly A. (2007), *Il futuro del maschio*, Corbaccio, Milano.
Sheehy G. (1999), *Il maschio e le sue stagioni. La nuova mappa della vita dell'uomo,* Pratiche ed., Milano.
Sellenet C. (2006), *Nuovi papà... bravi papà,* Fabbri, Milano.
Simon C. (2001), *Fatherless women*, John Wiley and Sons, Hoboken.
Snarey J. (1993), *How fathers care, for the next generation: a four decade study*, Harvard University Press, Cambridge.
Tanzi V. (a cura di) (2006), *Tracce di paternità,* Edizioni Junior, Reggio Emilia.
Zoja L. (2000), *Il gesto di Ettore*, Bollati Boringhieri, Torino.

La societa'

Ultimi volumi pubblicati:

LUCIA MACCANI, MARCO VIOLA (a cura di), *Comunicare l'identità.* Una strategia di valorizzazione delle minoranze linguistiche.

ARNALDO NESTI, *Alle radici della Toscana contemporanea.* Vita religiosa e società dalla fine dell'Ottocento al crollo della mezzadria.

CARLO MONGARDINI, *Le dimensioni sociali della paura.*

PIETRO BASSO, FABIO PEROCCO (a cura di), *Gli immigrati in Europa.* Diseguaglianze, razzismo lotte.

ANNA LISA TOTA (a cura di), *La memoria contesa.* Studi sulla comunicazione sociale del passato.

CARLO MONGARDINI, *Capitalismo e politica nell'era della globalizzazione.*

FRANCESCO PIRA, LUCA GAUDIANO, *La nuova comunicazione politica.* Dal volantino al Blog dalla radio a Second Life: strumenti, strategie e scenari.

ANNA MARIA CURCIO (a cura di), *La dea delle apparenze.* Conversazioni sulla moda.

CHARLOTTE GOWER CHAPMAN, *Milocca.* Un villaggio siciliano.

PAOLA DE VIVO, *Ricominciare: il Mezzogiorno, le politiche, lo sviluppo.*

GIOVANNI DI FRANCO (a cura di), *Far finta di essere sani.* Valori e atteggiamenti dei giovani a Roma.

ANNA MARIA CURCIO (a cura di), *I nuovi dandies.*

PIETRO BASSO, *Tempi moderni, orari antichi.* L'orario di lavoro a fine secolo.

ULDERICO BERNARDI, *Del viaggiare.* Turismi, culture, cucine, musei open air.

CINZIA ROSSI, *Outplacement.* Perdita del lavoro e riorientamento della carriera.

ALESSANDRO ORSINI, *In difesa della sociologia storica.*

GIULIANA CHIARETTI (a cura di), *C'è posto per la salute nel nuovo mercato del lavoro? Medici e sociologi a confronto.*

GIAN PAOLO PRANDSTRALLER, *Il lavoro professionale e la civilizzazione del capitalismo.* Il capitalismo cognitivo americano e la sfida economica cinese. Nuove strategie per le professioni e le attività creative.

PIETRO BASSO, *Razze schiave e razze signore.* I. Vecchi e nuovi razzismi.

MAURIZIO ESPOSITO, *Uomini di camorra.* La costruzione sociale dell'identità deviante.

ULDERICO BERNARDI, *Culture e integrazione.* Uniti dalla diversità.

PIETRO BASSO, FABIO PEROCCO (a cura di), *Immigrazione e trasformazione della società.*

ANTIMO L. FARRO, *I movimenti sociali.* Diversità, azione collettiva e globalizzazione della società.

LUIGI FUSCO GIRARD, BRUNO FORTE, MARIA CERRETA, PASQUALE DE TORO, FABIANA FORTE (a cura di), *L'uomo e la città.* Verso uno sviluppo umano e sostenibile.

FILIPPO BARBANO, *La sociologia in Italia.* Le trasformazioni degli anni '70.

ULDERICO BERNARDI, *La nuova insalatiera etnica.* Società multiculturale e relazioni interetniche nell'era della globalizzazione.

PAOLO JEDLOWSKY, *Memoria, esperienza e modernità.* Memorie e società nel XX secolo.

PAOLA DI NICOLA, *Amichevolmente parlando.* La costruzione di relazioni sociali in una società di legami deboli.

BARBARA CZARNIAWSKA, CARMELO MAZZA, TATIANA PIPAN, *Gestire grandi città.* Storie di Roma al passaggio del millennio.

CRISTIANA OTTAVIANO (a cura di), *Mediare i media.* Ruolo e competenze del media educator.

GIAN PAOLO PRANDSTRALLER, *Cosa ci ha veramente detto il XX secolo? Knowledge workers, imprese e relativismo pragmatico nel nuovo secolo.*

RENATO MANNHEIMER, PATRIZIA MISCIATTELLI, STEFANIA OPERTO, *Occhio alla borsa.* Gli italiani e gli investimenti finanziari.

ANTIMO L. FARRO, *Il conflitto dopo la lotta di classe.* Azione collettiva e cultura dei lavoratori nella società dell'informazione.

GIOVANNI GASPARINI, *La dimensione sociale del tempo.*

Saggi

EMANUELA SALA, *Donne, uomini e potere.* Diseguaglianze di genere in azienda, politica, accademia.

RUGGERO D'ALESSANDRO, *Lo specchio rimosso.* Individuo, società, follia da Goffman a Basaglia.

LUCIO AVAGLIANO, *Il liberismo e la società americana nell'età della destra.*

FABRIZIO BATTISTELLI, *La fabbrica della sicurezza.*

EMILIA COSTA, DIANELLA VIOLA, *Il matrimonio.* Una rivoluzione evolutiva per la struttura sociale umana (disponibile anche in e-book).

AURELIANA ALBERICI, *La possibilità di cambiare.* Apprendere ad apprendere come risorsa strategica per la vita.

MARIA PIA LEZIROLI, *D'autore: il diritto più antico.* Testimonianze di protagoniste.

ERNESTO U. SAVONA, ANDREA DI NICOLA, BARBARA VETTORI (a cura di), *Gli infortuni sul lavoro.* Dall'analisi delle cause alla loro prevenzione (disponibile anche in e-book).

LUCIANO PELLICANI, *I rivoluzionari di professione.*

FERDINANDO FAVA, *Lo Zen di Palermo.* Antropologia dell'esclusione.

LUISA STAGI, *Anticorpi.* Dieta, fitness e altre prigioni.

RAFFAELE BIFULCO, *Diritto e generazioni future.* Problemi giuridici della responsabilità intergenerazionale.

INES TESTONI (a cura di), *Cosa nostra e l'uso dell'uomo come cosa.* Riflessioni su mafia e deumanizzazione.

CATERINA SELVAGGI, *Lo sguardo multiplo.* Cinema e letteratura in Bellocchio, Benigni, Bergman, Bertolucci, Dardly e Pasolini.

FRANCESCO TULLIO, *Il brivido della sicurezza.* Psicopolitica del terrorismo, dello squilibrio ambientale e nucleare.

ANNA MARIA FERRARO, GIROLAMO LO VERSO, *Disidentità e dintorni.* Reti smagliate e destino della soggettualità oggi.

CARLO PELANDA, *The grand alliance.* The global integration of democracies (E-book).

ROBERTO ALFIERI, *Le idee che nuocciono alla sanità e alla salute.*

MAURIZIO SARTI, *Fondi pensione.* Passato, presente, futuro.

CLAUDIO NARANJO, *La civiltà, un male curabile.*

EDGAR MORIN, CRISTINA PASQUALINI, *Io, Edgar Morin.* Una storia di vita.

CARLO PELANDA, *La grande alleanza.* L'integrazione globale delle democrazie.

LAURA DELLI COLLI, MIMMO UGLIANO, *L'indice dei famosi.* Vent'anni di celebrità. I nuovi miti della Tv, del cinema, dello sport.

ROBERTO GRITTI, MARIO MORCELLINI (a cura di), *Elezioni senza precedenti.* Dalle Primarie dell'Unione alle Politiche e al Referendum costituzionale del 2006: voto, sistemi elettorali e comunicazione.

ANTONELLO PASINI (a cura di), *Kyoto e dintorni.* I cambiamenti climatici come problema globale.

LEONARDO ANCONA, *Il debito della chiesa alla psicoanalisi.*

GIROLAMO LO VERSO, GIANLUCA LO COCO (a cura di), *La psiche mafiosa.* Storie di casi clinici e collaboratori di giustizia.

GIROLAMO LO VERSO, GIANLUCA LO COCO, SAVERIO MISTRETTA, GRAZIELLA ZIZZO (a cura di), *Come cambia la mafia.* Esperienze giudiziarie e psicoterapeutiche in un paese che cambia.

GIROLAMO LO VERSO (a cura di), *La mafia dentro.* Psicologia e psicopatologia di un fondamentalismo.

MEDICI SENZA FRONTIERE, *Oltre la frontiera.* Le barriere al riconoscimento del diritto d'asilo in Italia.

LUCA RAMACCI, *Manuale di autodifesa ambientale del cittadino.*

GIUSEPPE CORASANITI, *Diritti nella rete.* Valori umani, regole, interazione tecnologica globale.

ASSUNTINA MORRESI, EUGENIA ROCCELLA, *La favola dell'aborto facile.* Miti e realtà della pillola RU 486.

BENEDETTO VERTECCHI, *La scuola disfatta.*

CARLO PELANDA (a cura di), *Democrazia attiva.*

ALESSANDRO BACCANI, *Disumanesimo, disincanto e modernità.* Dello smarrimento, della politica, del bisogno di guardare avanti.

GIAN PAOLO BONANI, *L'Ufficiale sistemico.* Paradigmi della formazione militare per il XXI secolo.

FERRUCCIO SANGIACOMO, *Destino e sistema.* Emanuele Severino e Carlo Pelanda: due risposte della nuova filosofia italiana. Con interviste inedite.

FRANCESCO INDOVINA (a cura di), *Nuovo lessico urbano.*

PAOLO CATTORINI, *Bioetica e cinema.* Racconti di malattia e dilemmi morali.

HÉLÈNE BLIGNAUT, LIUBA POPOVA, *Maschile, femminile, e altro.* Le mutazioni dell'identità nella moda dal 1900 ad oggi.

FORTUNA PROCENTESE, *Padri in divenire.* Nuove sfide per i legami familiari.

GIOVAN BATTISTA BRUNORI, *La croce e la sinagoga.* Ebrei e cristiani a confronto.

FRANCO DI MARIA (a cura di), *La polis mafiosa.* Comunità e crimine organizzato.

HÉLÈNE BLIGNAUT, *Anatomia della moda.* Il corpo, i luoghi, l'arte, il cinema.

MARINA MENGARELLI FLAMIGNI, *Cellule o bambini? Perché la legge sulla Procreazione Assistita fa discutere.*

ROBERTO ARLATI, RENZO MAGOSSO, *Le carte di Moro, perché Tobagi.* Chi portò via gli scritti "caldi" di Aldo Moro: i nomi, i reati, i retroscena. Come e quando decisero di non salvare Walter Tobagi.

GIOVANNA FRANCO REPELLINI, *Una casa non è una tazza.* Riflessioni sullo stile e sul gusto nel quotidiano.

JOSEPH P. ZBILUT, *Singolarità instabili e casualità.* La loro importanza nella complessità delle scienze fisiche e psico-sociali.

AUGUSTO LEGGIO, *Megatrend, rischi e sicurezza.* Per comprendere la società di oggi con la teoria del caos.

ALFONSO CELOTTO, NICOLÒ ZANON (a cura di), *La procreazione medicalmente assistita.* Al margine di una legge controversa.

CRISTINA CANO, PAOLO POTÌ, *Michael Nyman.* Ascoltare il cinema.

LUCIO DALLA, *Gesù, San Francesco, Totò: la nebulosa della comunicazione.*

BRUNO POGGI, LUCIANO GHELFI, *La repubblica dei sondaggi.* Come si riconosce una buona ricerca d'opinione.

NICOLA GHEZZANI, *Crescere in un mondo malato.* Bambini e adolescenti in una società in crisi.

ELISABETTA FERNANDEZ, *Comunicam@ndo.* Sesso e sentimento, dai vecchi tabù ai nuovi media.

ANDREA SEMPRINI, *Il multiculturalismo.* La sfida della diversità nelle società contemporanee.

ALESSANDRO BARBANO, *L'Italia dei giornali fotocopia.* Viaggio nella crisi di una professione. Con 4 interviste a Giuliano Ferrara, Paolo Gambescia, Ezio Mauro, Paolo Mieli.

GIORGIO PACIFICI, GIAN STEFANO SPOTO, *Un futuro che viene da lontano.* Dalla Cinquecento ad Internet senza perdere le radici.

PIETRO AUCONI, *La salute di domani.* Sopravviveranno i nostri figli all'azienda sanità?.

GIOVANNA FRANCO REPELLINI, *Sulle strade della città.* Luoghi progetti sentimenti.

PANTALEONE SERGI, *Gli anni dei Basilischi.* Mafia, istituzioni e società in Basilicata.

ATTILIO BOLZONI, MAURIZIO DE LUCA, SALVATORE DI CRISTINA, NINO FASULLO, LEOLUCA ORLANDO, SALVATORE PAPPALARDO, GIOVANNI PEPI, COSIMO SCORDATO, *Identità, diritti, economia, legalità.* L'esperienza siciliana di contrasto del crimine e promozione dei diritti umani.

ANDREA SEMPRINI, *La società di flusso.* Senso e identità nelle società contemporanee.

ANDREA SEMPRINI (a cura di), *Il senso delle cose.* I significati sociali e culturali degli oggetti quotidiani.

ELIO PIRODDI, LAURA BRUNORI, CARLO DI BERARDINO, *Scenari per l'Europa delle città.*

EDOARDO FLEISCHNER, BRUNO SOMALVICO (a cura di), *La TV diventa digitale.* Scenari per una difficile transizione.

RUBEN DE LUCA, *Il terrore in casa nostra.* Nuovi scenari per il terrorismo globale del XXI secolo.

ALBERT ABOU ABDALLAH, ROBERTO SORGO, *Religioni ieri e oggi.* Storia, idee e società.

MARIAROSA DALLA COSTA (a cura di), *Isterectomia.* Il problema sociale di un abuso contro le donne.

ATTILIO ATTEMI, TERRY TYZACK, *Geni della discordia.* Comunicazione, leggende e interessi nelle biotech italiane.

FRANCESCA ICHINO, *Storia del Cam.* Trent'anni di volontariato nell'ambito socio giudiziario.

BENEDETTO VERTECCHI, *La scuola italiana da Casati a Berlinguer.*

GIAMPAOLO FABRIS (a cura di), *Amore e sesso al tempo di Internet.*

CHIARA RICCIARDELLI, *Olivetti: una storia, un sogno ancora da scrivere.* La sociologia del lavoro italiana nell'esperienza di Ivrea.

FRANCESCO BELLI, FELIX SAGRILLO, *Qual è Takete? Qual è Maluma? La psicolinguistica applicata alla comunicazione pubblicitaria.*

ALFREDO MACCHI, *I TG del futuro.* L'informazione televisiva nell'era digitale.

NINO DAMASCELLI, *Le rivoluzioni della comunicazione.* Tecnologie di comunicazione e strutture sociali.

MONICA AMARI, *I Musei delle aziende.* La cultura della tecnica tra arte e storia (disponibile anche in e-book).

MARINO LIVOLSI, UGO VOLLI (a cura di), *Personalizzazione e distacco.* Le elezioni europee e regionali (1999).

JOHN NAISBITT, *High tech e rapporti umani.* Un affascinante viaggio attraverso la società ipertecnologica. Il mondo che abbiamo creato e quello che ci aspetta.

ANTONELLO NOCITI, *Guarire dall'odio.* Come costruire una pace multirazziale: lo straordinario insegnamento del Sudafrica.

UMBERTO FOLENA, *Cristiani no limits.* Le possibilità della santità possibile.

CARLO JEAN, GIULIO TREMONTI, *Guerre stellari.* Società ed economia nel cyberspazio.

ROBERTO DELLA SETA, *La difesa dell'ambiente in Italia.* Storia e cultura del movimento ecologista.

DAVID BIDUSSA, ENRICA COLLOTTI PISCHEL, RAFFAELLA SCARDI (a cura di), *Identità e storia degli ebrei.*